Du même auteur,
aux éditions Talent Sport :

Les 50 stars de la NBA 2022
(2021)
NBA : 150 maillots cultes
(2020)
Les 50 stars de la NBA 2020
(2020)
NBA Basketball 2019
(2019 - Collectif)
Petit quiz basket - Histoire de la NBA :
301 questions pour vous tester
(2018 - Coécrit avec Julien Müller)

Éditions TALENT SPORT
115 rue de l'Abbé Groult
75015 Paris

Photos : © Icon Sport et © AFP

ISBN : 978-2-37815-252-9

ELVIS ROQUAND

LES 100 *Choses* QUE TOUT FAN DE LA NBA DOIT SAVOIR AVANT DE *Mourir*

Talent Sport

AVANT-PROPOS

Soixante-quinze ans d'existence, des milliers de matchs joués, des millions de points marqués...

Des exploits sportifs, des avancées sociales, des innovations techniques, du divertissement...

La NBA, c'est tout cela et bien plus encore, comme vous pourrez vous en rendre compte dans cette micro-encyclopédie de 100 faits saillants, jalons historiques, matchs mythiques et anecdotes vécues par des stars éternelles et des illustres inconnus qui font vivre depuis 1946 ce microcosme de la balle orange à la portée mondiale qu'est la NBA.

HÔTEL COMMODORE, 42e RUE, MANHATTAN

001

Si jamais vous avez l'occasion de vous promener sur la 42e Rue, l'une des artères les plus célèbres de Big Apple, marquez une pause devant le Hyatt Grand Central. Calé entre la gare de Grand Central Terminal et le Chrysler Building, c'est dans cet immense hôtel en forme de H que la Basketball Association of America a vu le jour en 1946. Alors appelé Commodore, le bâtiment accueille le 6 juin 1946 dans l'une de ses suites douze propriétaires et représentants des plus grandes salles de sport et de divertissement de l'est du pays. On y trouve entre autres Walter A. Brown, président du Boston Garden ; Ned Irish, l'un des plus grands organisateurs d'événements sportifs du pays et « *Basketball Director* » du Madison Square Garden ou encore Arthur Wirtz, copropriétaire du Chicago Stadium et du Detroit Olympia et propriétaire de la Saint-Louis Arena. Un but commun les réunit : rentabiliser leurs salles. À l'époque loin d'être l'un des quatre sports majeurs aux États-Unis aux côtés du baseball, du hockey sur glace et du football américain, le basket représente alors une opportunité de remplir les gradins quand les hockeyeurs, boxeurs ou les spectacles itinérants populaires de l'après-guerre laissent les lieux vacants. De cette réunion dirigée par

Maurice Podoloff, alors président de l'American Hockey League et futur président de la BAA, ressortent un nom, treize franchises et les grandes lignes de la future ligue professionnelle.

Le premier match de la nouvelle ligue est programmé pour le 1er novembre 1946 entre les New York Knickerbockers et les Toronto Huskies et se joue au Canada, patrie de James Naismith, l'inventeur du basketball. Le Maple Leaf Gardens de Toronto, l'antre de l'équipe NHL du même nom, accueille 7 090 spectateurs qui assistent au premier match de la première mouture de la NBA et à la victoire des Knicks 68 à 66. De tous les acteurs de cette saison historique, retenons les noms de Nat Militzok et Bob Mullens. Dans leur seule et unique saison BAA, les deux hommes ont joué le match inaugural pour New York avant de rejoindre en cours de saison les Huskies de Toronto, l'autre équipe de la première rencontre de la BAA. ■

UNE VRAIE LOTERIE

002

Après une première saison conclue sur le sacre des Philadelphia Warriors, la BAA lutte déjà pour sa survie. Sur treize franchises initialement prévues, onze ont finalement pris part à l'exercice 1946-47 et trois d'entre elles vont mettre la clé sous la porte à la fin de cette saison inaugurale. Le sport universitaire attirant des foules bien plus nombreuses, la BAA a vite compris que pour rameuter les fans de balle orange, il lui fallait renouveler ses troupes avec des joueurs locaux et populaires issus des meilleures équipes universitaires voisines de ses franchises. Elle organise donc sa première « draft » le 1er juillet 1947 à Detroit. Le classement final de la saison écoulée détermine l'ordre de sélection, les plus mauvais bilans pouvant se refaire une santé en recrutant les meilleurs joueurs universitaires. Par contre, il n'est pas encore question d'échanger ses « tours » de draft contre de l'argent, des joueurs établis, ou les deux. On retrouve déjà dans cette première édition le facteur chance (ou malchance) propre à cette foire aux jeunes talents. Clifton McNeeley, sélectionné à la 1re place par les Pittsburgh Ironmen, entamera la liste tristement célèbre des premiers choix de draft n'ayant eu qu'un impact limité, voire inexistant, sur les résultats de son équipe ou dans la Ligue. L'ailier de la Texas Wesleyan University ne jouera jamais en effet en BAA ! Préférant s'orienter vers une carrière de coach de lycée, il déclinera l'invitation des Ironmen. Il faut descendre au second tour, à la 19e place, pour trouver le premier joueur drafté avec une carrière respectable : le pivot Red Rocha, né à Hawaï (le seul joueur dans ce cas avec Cedric Ceballos, futur Laker et All-Star en 1995), deux fois All-Star et champion NBA en 1955.

Histoire de pimenter les débats, le « *territorial draft choice* » est instauré dès 1949. Cette règle tant décriée permet en effet à n'importe quelle franchise, sans tenir compte de son ordre de sélection, d'avoir la priorité sur un joueur né dans un rayon de 120 kilomètres autour de ladite franchise ou ayant évolué pour une fac « voisine », aussi vague ce concept soit-il... En 1966, ce système est aboli pour remettre un peu de hasard et de suspense avec un pile ou face entre les deux plus mauvais bilans. New York remporte le premier « *coin flip* » face à Detroit et le gain du 1er choix de la version « moderne » de la draft. ■

(NOT) BORN IN THE USA

003

Pour intégrer des joueurs non américains, la NBA n'a pas attendu son internationalisation dans les années 1990 facilitée par le succès de la Dream Team de 1992 et le programme de détection de talents internationaux « Basketball Without Borders » mis en place en 2001. On trouve en effet la trace dès la première saison de la BAA, future NBA, d'un joueur citoyen d'une autre nation dans ses rangs en la personne d'Henry Arcado Biasatti, dit « Hank ». Né en 1922 dans un hameau nommé Beano, dans la commune de Codroipo, dans le nord-est de l'Italie, le petit Henry grandit à Windsor, dans l'Ontario. Sportif accompli au lycée et à la fac, Biasatti sert dans l'armée canadienne pendant la Seconde Guerre mondiale et s'oriente d'abord vers une carrière dans le baseball avant de tenter sa chance avec les Toronto Huskies, en pleine préparation de la saison inaugurale de la BAA. Réclamé par les fans locaux, le Canadien entrera en jeu dans les trois dernières minutes du premier match de la nouvelle ligue, rencontre jouée à Toronto face à New York. Le lendemain de cette première historique, le Canadien Norm Baker est en tenue pour les Chicago Stags, et vingt jours plus tard, Gino Sovran, originaire de Windsor comme Biasatti, marque 5 points pour les Huskies.

Parmi ces pionniers, le parcours du Britannique Chris Harris marque également une première. Natif de Southampton, ville portuaire dans le sud de l'Angleterre, sa famille est coutumière des traversées transatlantiques du fait de leurs métiers dans le transport de marchandises (deux de ses oncles, employés de la White Star Line, périssent dans le naufrage du *Titanic*). Ses parents s'installent à New York deux ans après sa naissance, en 1935, et après une belle carrière de spécialiste défensif à l'université de Dayton, l'arrière devient en 1955 le temps d'une saison le premier joueur étranger non drafté à évoluer dans la Ligue. Il développe par ailleurs une profonde amitié avec Chuck Cooper, le premier Afro-Américain à être drafté en NBA en 1950.

À l'entame de sa 75e saison, en 2021-22, la NBA annonce la présence dans ses effectifs de 109 joueurs internationaux originaires de 39 pays différents. Et comme l'Histoire aime se répéter, c'est la franchise de Toronto qui en aligne le plus avec 10 joueurs étrangers, et c'est le Canada qui possède le contingent le plus important avec 18 représentants. ■

LA NBL

004

Lors de la première réunion du 6 juin 1946 qui sert à poser les jalons de la future BAA, un point parmi d'autres n'a pas donné lieu à discussion : les futures équipes de la nouvelle ligue prendront le nom de la ville où elles évoluent, et non celui des usines ou marques les sponsorisant. Sous-entendu : pas comme celles de la National Basketball League, l'une des ligues de basket déjà en place. En même temps, ces équipes n'avaient pas voix au chapitre pour le choix de leur nom. Avec des franchises basées dans une myriade de villes de taille moyenne, principalement dans le nord-est du pays et la région des Grands Lacs, les origines de cette ligue concurrente remontent à 1935, avec la Midwest Basketball Conference. Celle-ci change de nom en 1937 pour se faire appeler la National Basketball League et ainsi casser cette image de ligue rurale mineure. Trois grandes marques, General Electric, Firestone et Goodyear, mettent la main à la poche en espérant s'attirer les faveurs des fans des grandes villes, les meilleurs joueurs évoluant déjà dans leurs franchises. Outre des équipes portant le nom de ces trois corporations, d'autres sont financées par une marque d'emballage alimentaire (les Anderson Packers), des usines de voitures (Toledo Jeeps) ou portent le nom de leur fondateur (Indianapolis Kautskys).

De nombreuses graines plantées en NBL s'épanouiront dans la future NBA. Le pivot Leroy Edwards, triple MVP et double champion NBL avec les Oshkosh All-Stars, est l'une des plus grandes stars du basket de son époque. Il est généralement crédité pour la mise en place en 1936 de la règle des 3 secondes dans la raquette, règle reprise évidemment en NBA.

Lors de la saison 1942-43, les effectifs des Toledo Jim White Chevrolets et des Chicago Studebakers sont dépeuplés par l'appel sous les drapeaux de leurs joueurs blancs. Les équipes recrutent donc de nombreux basketteurs afro-américains, certains issus des Harlem Globe Trotters, et ce huit ans avant que la NBA ne brise à son tour la barrière de la couleur. Ces pionniers ont pour nom William « Bill » Jones, William « Pop » Gates ou William « Dolly » King, qui joue en 1946 pour les Rochester Royals, futurs Sacramento… Kings. ■

005

SECONDE NAISSANCE, RENAISSANCE

Offrant de meilleurs salaires aux joueurs et des salles plus grandes où se mettre en valeur (et engranger des profits), la BAA est une menace prise au sérieux par les propriétaires des franchises NBL, notamment Fred Zollner. Ses Fort Wayne Zollner Pistons (futurs Detroit Pistons) prennent les devants en rejoignant la BAA en 1948 en compagnie des Minneapolis Lakers (qui déménageront à Los Angeles en 1960), des Rochester Royals (futurs Sacramento Kings) et des Indianapolis Jets. Le 3 août 1949, sous l'impulsion de Fred Zollner, la très jeune Basketball Association of America (trois ans d'existence) absorbe donc ce qui reste de la National Basketball League (douze années au compteur) et change de nom pour celui de National Basketball Association. Six autres franchises NBL rejoignent donc leurs anciens adversaires (moins les Jets, remplacés par les Olympians) dans la toute nouvelle NBA. Deux d'entre elles survivront jusqu'à nos jours : les Tri-Cities Blackhawks (ex-Buffalo Bisons et futurs Atlanta Hawks), qui évoluent comme leur nom l'indique dans une agglomération de trois villes voisines (Davenport, Rock Island et Moline) ; et les Syracuse Nationals (futurs Philadelphiea 76ers). Les quatre autres ne tiendront pas bien longtemps :

Anderson Packers, Denver Nuggets (aucun lien avec la franchise actuelle si ce n'est le nom), Sheboygan Red Skins et Waterloo Hawks ne feront qu'une saison NBA avant de mettre la clé sous la porte.

Le 29 octobre 1949, le coup d'envoi est donné pour la seconde naissance de la Ligue. Trois divisions (Eastern, Central et Western), 17 franchises, et pour le premier match de l'histoire de la NBA, ce sont deux anciennes équipes NBL qui s'affrontent ! Les Tri-Cities Blackhawks accueillent à la Wharton Field House de Moline, dans l'Illinois, les Denver Nuggets, pour une victoire 93 à 85 des Blackhawks. Preuve du niveau de jeu supérieur de la défunte National Basketball League, le haut du classement de la première saison régulière de la NBA est squatté par d'anciennes équipes NBL. Lakers, Royals et « Nats » engrangent 51 victoires (11 de mieux que les Knicks, première franchise BAA du classement). Sur les dix joueurs qui composent les All-NBA 1st et 2nd Teams, sept évoluent dans d'anciennes équipes NBL et c'est un autre transfuge de la désormais défunte ligue, les Lakers, qui remporte le titre pour la deuxième saison de suite. ■

006

LES HARLEM GLOBETROTTERS, AMIS ENNEMIS

Formée dans les années 1920 à Chicago, cette équipe composée uniquement de joueurs afro-américains est d'abord une attraction du Savoy Ballroom, une salle de spectacle de Chicago. Une partie des joueurs fait défection en 1928 et part en tournée sous le nom de « Globe Trotters ». Son agent et coach Abe Saperstein lui ajoute le préfixe « Harlem », à l'époque l'épicentre de la culture afro-américaine. Faisant certes étalage de maniements de balle inédits, c'est avant tout une excellente équipe de basket. Elle remporte notamment le World Professional Basketball Tournament de 1940, un tournoi réservé aux pros où seront plus tard sacrés les Pistons et les Lakers version NBL. C'est aussi et surtout une opportunité pour les joueurs noirs à une époque où les ligues professionnelles sont « *whites only* », autrement dit réservées aux joueurs blancs. Lors de la création de la BAA en 1946, pas question pour les franchises de signer des Afro-Américains, sous prétexte que les joueurs noirs talentueux étaient la « chasse gardée » de Saperstein. Les Globetrotters jouant régulièrement en ouverture de matchs BAA (et attirant bien souvent plus de monde que l'attraction principale), la menace de voir ces rencontres retirées des affiches était bien trop forte pour la jeune ligue aux finances encore fragiles. En 1948, les « HGT » battent la meilleure équipe blanche du moment, les Minneapolis Lakers. Ce match amical attire une foule record de près de 18 000 spectateurs au Chicago Stadium en ouverture d'un match BAA. La victoire 61 à 59 des Globies sur un tir longue distance au buzzer est une fissure de plus dans le mur érigé par la ségrégation. La revanche de 1949 est de nouveau prise par les Globies, avant que les Lakers ne s'adjugent les six affrontements suivants. À partir de 1950, quand la NBA brise la barrière de la couleur en recrutant des joueurs afro-américains et anciens Globies, la supériorité des Trotters en termes de basket pur commence à décliner. Sa réputation n'est cependant pas ternie pour autant. Alors que la ségrégation continue de faire des ravages dans la société américaine et que des quotas non officiels limitent le nombre de joueurs de couleur en NBA et ailleurs, les Globies continuent de recueillir en leur sein des joueurs en situation délicate. Ainsi, Wilt Chamberlain fait une pige avec eux de 1958 à 1959 à la sortie de la fac avant d'intégrer la NBA. Le futur quadruple All-Star Connie Hawkins évolue quant à lui avec eux entre 1963 et 1967 avant de rejoindre l'ABA en 1967 puis la NBA en 1969. ■

L'INTÉGRATION

007

La NBA entame la deuxième moitié du xxe siècle avec de nombreuses nouveautés qui auront un impact énorme sur son avenir. À compter de la saison 1950-51, les rebonds sont officiellement comptabilisés, le All-Star Game voit le jour et surtout, la barrière de la couleur est enfin abattue en NBA, huit ans après la NBL. Trois destins s'entrecroisent pour faire tomber cette injustice, avec ces points communs : une défaite sportive mais une victoire morale pour entamer une carrière pro en NBA ; et les Pistons pour la finir.

Après un passage chez les Harlem Globetrotters, le 25 avril 1950 Charles « Chuck » Cooper devient le premier Afro-Américain à être drafté, à la 13e place, par les Boston Celtics. Il fait ses débuts le 1er novembre 1950 lors d'une défaite face aux Fort Wayne Pistons avec 9 points, début d'une carrière de 6 saisons pour les Celtics, les Hawks et enfin les Pistons.

À un jour près, l'honneur d'être le premier Afro-Américain à disputer un match NBA revient à Earl Lloyd, drafté lui aussi dans la classe de 1950, mais à la 100e place. Son équipe, les Washington Capitols, ouvre sa saison le 31 octobre 1950 par une défaite face aux Rochester

Royals. Lloyd ne joue que 7 matchs pour les Capitols avant que la franchise ne ferme boutique en janvier 1951. Sa carrière semble prendre un gros coup dans l'aile quand il est obligé de rater l'intégralité de la saison 1951-52 pour cause de service militaire. Après avoir participé à la guerre de Corée, Lloyd est signé par les Syracuse Nationals (futurs 76ers) avec qui il évolue de 1952 à 1958. En 1955 il est sacré champion NBA ; avec son coéquipier afro-américain Jim Tucker, ce sont les premiers joueurs de couleur à soulever le trophée de champion. Il finit sa carrière au sein des Pistons en 1960, qu'il coachera de 1971 à 1972.

Paradoxalement, le troisième pionnier à faire ses débuts dans la Ligue a également été le premier Afro-Américain à signer un contrat avec une franchise NBA. La même semaine que Lloyd et Cooper, le 4 novembre, Nathaniel Clifton, ancien Globie et vétéran de la Seconde Guerre mondiale, non drafté, inscrit 16 points pour les Knicks, lors d'une… défaite, encore, face aux Tri-Cities Blackhawks. Pas de titre pour « Nat », mais une sélection All-Star en 1957. Il finira lui aussi sa carrière aux Pistons, qui auront donc vu défiler successivement dans leurs rangs ces trois pionniers qui prendront leur retraite sous leurs couleurs : Cooper en 1956, Clifton en 1957-58 et Lloyd de 1958 à 1960. ■

008

L'HOMME QUI EN FAISAIT TROP

Disqualifié à partir de sa deuxième faute personnelle jusqu'au prochain panier marqué, le joueur de basket version originale de James Naismith n'avait pas intérêt à avoir les mains trop baladeuses ni le sang trop chaud... Pour peu qu'il tape dans le ballon avec le poing, qu'il coure avec la balle, qu'il la tienne avec une partie de son corps autre que ses mains ou qu'il se montre un tant soit peu agressif, et il se voit infliger une faute par l'arbitre. Et au bout de trois fautes d'équipe consécutives, c'est un point bonus pour l'adversaire.

Ce point des règles originelles du basket établies par Naismith et publiées en 1892 a, par chance, bien évolué pour arriver à un total de 5 fautes personnelles disqualificatives lors de la première saison de la BAA. Un total relevé à 6 dès la fin de la saison inaugurale 1946-47, à la suite de la plainte des dirigeants qui voyaient leurs meilleurs joueurs se faire régulièrement éjecter avant la fin des matchs, au grand désespoir des fans. L'arrière et ailier des Milwaukee Hawks Don Boven peut remercier les instances de la Ligue. Vétéran de la Seconde Guerre mondiale, Don Boven est aussi un soldat sur les parquets. Il conclut la saison 1951-52 en beauté en se faisant éjecter pour 6 fautes... 5 matchs de suite ! Une série qui aurait facilement pu monter à 8 s'il était arrivé dans la Ligue cinq ans plus tôt. Avec une moyenne de 30 minutes de temps de jeu et 4,1 fautes par match, Boven commettait donc une « *Personal Foul* » toutes les 7:30 minutes. Cette saison-là, sa production dans la colonne « PF » le fait quand même pointer au 3e rang de la saison derrière les futurs Hall of Famers des Lakers Vern Mikkelsen et George Mikan, qui jouent respectivement 5 et 10 minutes de plus que lui par match, mais à l'intérieur, où les contacts sont plus fréquents. ■

LA RONDE DES PLAYOFFS

009

De 1947 à 1953, la Ligue va beaucoup tâtonner pour trouver le format idéal des phases finales de sa saison régulière. Après avoir expérimenté divers systèmes d'oppositions de ses meilleurs bilans, la NBA adopte pour sa *postseason* 1954 le système « Round-Robin », qu'elle n'utilisera qu'une seule fois. Ce terme dérivé de l'expression française du XVIIe siècle « ruban rond », un morceau de tissu entourant une pétition où étaient inscrits sans ordre de préférence les noms des signataires, a donné son nom à un système de phase de poules bien établi dans le sport américain et que l'on pourrait traduire par « tournoi toutes rondes ». L'équivalent des deux premiers tours de playoffs actuels est donc disputé cette saison-là en une seule phase de poules. Les trois meilleurs bilans de la division Eastern s'affrontent deux fois, et les deux équipes qui gagnent le plus de matchs, en l'occurrence Syracuse et Boston, se retrouvent pour les finales de la division Eastern qui se décident au meilleur des trois matchs. En ce qui concerne la division Western, c'est plus compliqué. Ne comptant que quatre équipes (contre cinq à l'Est), les deux premières (Minneapolis et Rochester) ne disputent que trois matchs de poule et le

3e meilleur bilan, les Fort Wayne Pistons, doit passer par 4 matchs contre les deux premiers, qui se retrouveront sans surprise en finale de division ensemble.

Après le sacre des Lakers, le cinquième en six ans, ce format est abandonné dès la saison suivante. Il est remplacé par le système de « *Bye* » : cette exemption de premier tour pour les deux, trois ou quatre meilleurs bilans de la saison à l'Est et à l'Ouest, est mise en place de 1955 à 1966 puis de 1975 à 1983. À partir de 1984, les playoffs adoptent le format qu'on leur connaît avec huit équipes dans chaque conférence mais au meilleur des cinq manches pour le premier tour, et sept pour les autres tours. À partir des playoffs de 2003, le premier tour se joue au meilleur des 7 matchs.

Dernier changement en date, la mise en place du « *play-in* » en 2020. Pour les équipes ayant fini la saison régulière de la 7e à la 10e place, il faudra passer par ce mini-tournoi pour espérer décrocher les deux dernières places qualificatives pour les « véritables » playoffs. De tous ces formats de *postseason*, une seule chose n'a jamais changé : des Finals jouées au meilleur des 7 matchs. ■

DANIEL, SAINT PATRON DE LA NBA

010

Né en Italie en 1909, Daniel Biasone arrive en 1920 aux États-Unis pour rejoindre son père à Syracuse, dans l'État de New York. En 1936, il y ouvre un petit restaurant puis achète en 1941 un terrain où est érigée une salle de bowling qu'il gérera jusqu'à sa mort. En 1946, un chèque de 5 000 dollars envoyé à la National Basketball League lui octroie le droit de lancer une nouvelle franchise, les Syracuse Nationals, qui intègrent la BAA en 1949. Il fait parler de lui dès 1952 en signant Earl Lloyd, l'un des pionniers afro-américains de l'abolition de la barrière de la couleur en NBA, quand celui-ci a été libéré par l'US Army. Instigateur de la *backcourt foul* en 1953 (2 lancers pour une faute commise dans la première moitié du terrain de l'équipe en attaque), militant pour l'agrandissement de la raquette, dès 1950 il comprend la nécessité d'accélérer le tempo des matchs, alors soporifique. Après avoir observé les ravages d'un jeu sans limite de temps en attaque (notamment, le match du 22 novembre 1950 entre Pistons et Lakers, avec un score final de… 19 à 18), son autre but est de dompter les Lakers de Mikan et les Celtics de Cousy, qui tiraient allègrement profit de cette absence de limitation dans le jeu quand le match leur était acquis.

Cocréateur de l'horloge des 24 secondes avec Leo Ferris, le *general manager* de ses Nationals, il lui faudra près de quatre ans pour convaincre la Ligue du bien-fondé de leur innovation. En août 1954, plusieurs propriétaires de franchises NBA font le déplacement à Syracuse pour assister à une démonstration de l'horloge des 24 dans son ancien lycée. Conquis, ce chrono est utilisé lors des matchs amicaux de présaison puis son usage est définitivement entériné lors de la saison à suivre. Les scores explosent, le rythme augmente, les fans reviennent (et restent) et la NBA devient du jour au lendemain un jeu rapide et excitant. Maurice Podoloff, le *commissioner* de la Ligue, n'en peut plus de jeter des fleurs à celui qu'il appelle le « Saint Patron de la NBA ». Les esprits chagrins noteront que son équipe a - comme par hasard - remporté le titre cette saison-là.

Jusqu'à la vente de sa franchise en 1963 (les actuels Philadelphia 76ers), Biasone continuera d'être un pilier de la Ligue. Habitué à vilipender les arbitres lors des matchs à domicile depuis le banc de son équipe, quand la Ligue interdit aux propriétaires des franchises de s'asseoir sur le banc, il s'autoproclame alors assistant coach pour continuer de suivre au plus près les actions de son équipe - et des arbitres. ■

LA SAISON FANTÔME

011

N'ayant aucun lien de filiation avec les ancêtres des Washington Wizards actuels avec qui ils partagent le même nom, les Bullets de Baltimore ont connu une existence tumultueuse. En dix ans d'existence, l'équipe passe par trois ligues : l'American Basketball League, de ses débuts en 1944 jusqu'à 1947 (champions en 1946), la BAA de 1947 à 1949 (champions en 1948), puis la NBA (de 1949 à 1954). Le déclin commence dès la saison suivant le titre BAA de 1948, leur dernier exercice avec un bilan positif. L'expansion de la NBA, la retraite de leur joueur star (et coach) Buddy Jeannette et des grandes difficultés de trésorerie auront, lentement mais sûrement, raison des Bullets. En novembre 1954, sans le sou, ses joueurs quittent la Ligue la queue entre les jambes. Après une défaite à Fort Wayne 92 à 89, sans régler hôtel ni taxi, ils s'engouffrent dans l'avion qui les ramène chez eux. Le 27 novembre 1954, avec un bilan de 3 victoires pour 11 défaites, la franchise met donc officiellement un terme à ses opérations.

Mais la NBA va prendre une décision radicale : la saison 1954-55 des Baltimore Bullets est purement et simplement effacée des livres d'histoire ! Les résultats de leurs matchs ainsi que toutes leurs statistiques ne comptent plus dans les classements de cette saison. Leurs adversaires voient aussi leurs statistiques collectives et individuelles de leurs affrontements mutuels disparaître des livres officiels. La Ligue refaçonne un calendrier pour que les équipes restantes aient un nombre de matchs semblable à disputer.

Toutes les informations ne sont cependant pas perdues. L'ensemble de l'effectif est connu, avec une moyenne d'âge de 24,4 ans. Pour le reste, il faut se plonger dans les archives des journaux d'époque ou faire des calculs savants pour deviner les productions moyennes des joueurs de la défunte franchise, dispersés pour certains dans les autres équipes de la Ligue. Ainsi, le 1er choix de la draft 1954 et auteur d'un match à 100 points en NCAA, le futur double All-Star Frank Selvy, atterrit chez les Milwaukee Hawks. D'après sa ligne de stats de la saison (71 matchs à 19 points de moyenne, mais 60 joués avec les Hawks pour 18,4 points), on peut avancer qu'il tournait sur ses 11 matchs avec les Bullets à 19,6 points de moyenne. Leur arrière Paul Hoffman sera quant à lui nommé general manager de la nouvelle version des Bullets de Baltimore, de 1963 à 1965. ■

TREIZE MOIS DANS LA VIE D'UN CHAMPION

012

Bill Russell est un jeune homme pressé. Il va le prouver dès l'âge de vingt et un ans en dominant le basket universitaire, professionnel et mondial en l'espace de 13 mois seulement. Pour sa troisième et dernière saison avec les « Dons » de l'université de San Francisco, William Felton Russell tourne à plus de 20 points et 20 rebonds pour la deuxième année de suite. Forts de 25 victoires en 25 matchs de saison régulière, les Dons roulent sur le tournoi universitaire. Avec un écart moyen de 14 points, ils remportent leur 2e titre NCAA consécutif le 23 mars 1956 à Evanston, dans l'Illinois. Bill Russell achève sa carrière universitaire avec 55 victoires d'affilée et un 2e titre national.

Drafté à la seconde place par les Boston Celtics le 30 avril, ses débuts en NBA attendront. D'abord, direction Melbourne et les 16e Jeux olympiques d'été, organisés du 22 novembre au 8 décembre dans l'hémisphère sud, une première. Pas encore de joueurs professionnels en équipe nationale, ce qui fera débat concernant Bill Russell, le capitaine de la sélection américaine. Est-il encore un athlète dit « amateur », lui qui vient de finir son cursus universitaire et qui, bien qu'il ait été drafté par les Celtics, n'a pas encore disputé une rencontre officielle avec eux ? La polémique s'éteint rapidement et le pivot est finalement autorisé à prendre part aux olympiades. La sélection américaine domine outrageusement le tournoi avec une facilité qui n'est pas sans rappeler celle de la Dream Team de 1992 : 8 succès pour aucune défaite, 53,5 points d'écart en moyenne, et une finale pour la médaille d'or remportée 89 à 55 face à l'URSS le 1er décembre 1956. Et de deux titres dans la même année calendaire pour Bill.

Retour aux États-Unis et direction le vestiaire des Celtics, qui l'attendent avec l'espoir d'ouvrir la vitrine à trophées, eux qui n'ont pas encore atteint les Finals depuis leur création en 1946. Avril 1957, Bill est sacré champion NBA avec les Celtics lors de sa saison rookie, le premier de ses 11 titres avec les C's. Il finit également meilleur rebondeur de la Ligue avec 19,6 prises par match, en plus de 14,7 points. Treize mois bien remplis annonciateurs de sa carrière de champion. ■

NBA 2K, PREMIÈRE ÉDITION

013

Drafté à la 8e place par les Fort Wayne Pistons en 1950, du haut de son 1,96 mètre pour 86 kilos l'ailier de Stanford George « Bird » Yardley arbore un physique frêle loin d'être intimidant. Excellent scoreur à la fac, diplômé dans le génie civil, après deux ans dans la Navy, il fait attendre Fred Zollner, le propriétaire des Pistons, qui rêve de le signer. George préfère continuer de progresser dans le circuit amateur en attendant qu'un emploi de basketteur pro rapporte plus que celui qu'il pourrait décrocher avec son diplôme. Zollner arrivera à ses fins en 1953 en lui offrant un salaire deux fois plus important que la rémunération moyenne de l'époque en NBA. Le retour sur investissement ne se fait pas attendre. Après une première saison timide (9 points, 6,5 rebonds de moyenne), l'autre rookie des Pistons qui lui faisait de l'ombre, Jack Molinas, est banni à vie par la Ligue pour avoir parié sur ses propres matchs. Yardley ne laisse pas passer sa chance.

En 1954-55, la mise en place de l'horloge des 24 secondes augmente sensiblement le rythme et les scores des matchs. Désormais, les *big men* balourds, voire violents, ne dominent plus aussi facilement. Le jeu s'ouvre pour les joueurs athlétiques comme Yardley, capables de se créer leur propre shoot et de se démarquer à l'envi pour ensuite convertir d'à peu près n'importe quel endroit du terrain. Dans le cas de Yardley, un *footwork* rapide comme l'éclair et un tir en suspension en mode *turnaround* bien maîtrisé et peaufiné pendant de longues années avant son arrivée en NBA. Son apport au *scoring* passe du simple au presque double : de 9 points de moyenne dans sa saison rookie, son rendement monte à 17,3 points par match en 1954-55, et il honore par ailleurs en 1955 la première de ses six sélections All-Star d'affilée. Après deux Finals perdues en 1955 et 1956, sa franchise déménage à Detroit en 1957. Avec une moyenne de 27,8 points par match en 1957-58 à 41,4 % de réussite aux tirs et 81,1 % aux lancers francs, il est le meilleur scoreur de toute la NBA et devient, avec 2001 points marqués, le premier joueur de l'histoire de la Ligue à marquer plus de 2000 points sur une saison. Avec des sorties impressionnantes : 48 points à 20/24 aux lancers le 26 décembre, 51 points et 19 rebonds le 15 janvier, 52 points et 20 rebonds le 4 février, 8 matchs à plus de 40 points... Jusqu'à sa retraite en 1960, son rendement et son efficacité ne diminueront pas ; une carrière courte mais intense, propulsée par cette fameuse horloge des 24 secondes. ■

014

CARROLL, IOWA : DANS L'HISTOIRE DE LA NBA... DEUX FOIS

Siège du comté du même nom, cette petite bourgade agricole de l'Iowa bordée par la Middle Racoon River peine à dépasser les 10 000 habitants depuis sa fondation en 1867. De retour d'un match à Saint-Louis, le 18 janvier 1960, l'avion des Minneapolis Lakers y atterrit d'urgence en pleine nuit dans un champ de maïs après s'être perdu dans une tempête de neige, avec des réserves de carburant presque vides et des instruments de vol en rade. Les pilotes ont été obligés d'ouvrir leurs hublots pour gratter la neige accumulée dessus et ont suivi la lueur des phares de voitures avant de trouver un terrain potable pour y poser l'appareil. Un bon mètre de neige dans le champ de maïs amortit tant bien que mal la dizaine de tonnes du DC-3 des Lakers, mais les 23 passagers sont sains et saufs. Le premier civil sur place n'est autre que le responsable local des pompes funèbres. Au volant de son corbillard, il a été prévenu par le vrombissement des moteurs de l'avion des Lakers qui ont fait trembler les murs de sa maison en la survolant à basse altitude. « On lui a dit : "Pas de boulot pour vous aujourd'hui" », s'est rappelé Elgin Baylor, la légende des Lakers présente ce jour-là.

Cependant, l'histoire de cette commune rurale avec le monde de la NBA ne s'arrête pas là. Sept ans plus tard, le 24 juillet 1967, Marcella et Maury Nurse, originaires et citoyens de Carroll, y accueillent leur neuvième enfant, Nicholas David. Receveur des Postes et organisateur de tournois de basket pour collégiens dans son temps libre, Maury initie son fils Nick à toutes sortes de sports mais c'est sur le basket que celui-ci jette finalement son dévolu. Meilleur pourcentage de réussite à trois points de l'histoire de l'université d'Iowa du Nord, il délaisse rapidement sa carrière de joueur au profit de celle de coach. Une orientation qui l'emmènera en Angleterre, en Belgique et en Italie avant de devenir en 2007 le premier coach de l'Iowa Energy, nouvelle franchise de D-League, la ligue de développement de la NBA. Il intègre le staff des Raptors en 2013 et prend le poste de *head coach* de la franchise de Toronto en 2018. Le 13 juin 2019, Nick Nurse est champion NBA. Et c'est ainsi que cette petite ville anonyme et tranquille qu'est Carroll, dans Iowa, qui n'avait rien demandé à personne, a croisé par deux fois la NBA et a droit à non pas une, mais deux mentions dans ses livres d'histoire. ■

L'AMERICAN BASKETBALL LEAGUE, CONCURRENT ÉPHÉMÈRE ET COUSIN ÉLOIGNÉ

015

Quinze ans après sa naissance, la NBA semble avoir trouvé son rythme de croisière. Lors de cette saison 1961-62, les Chicago Packers (futurs Washington Wizards) débarquent dans la Western Division, les Celtics remportent leur 4e titre d'affilée, Bill Russell est MVP pour la 3e fois, Wilt Chamberlain écrase tout au *scoring* et Oscar Robertson boucle une saison en triple-double de moyenne. Les voyants sont au vert mais attention à la concurrence... Surtout quand celle-ci émane d'un ancien partenaire en affaires éconduit, à savoir Abe Saperstein, l'homme qui a développé la renommée des Harlem Globetrotters dès la fin des années 1920. Quand les Minneapolis Lakers de Bob Short déménagent à L.A. en 1960, Saperstein se sent floué, persuadé qu'on lui avait promis une future franchise NBA à Los Angeles. Il convainc donc plusieurs propriétaires d'équipes de ligues amatrices de s'unir pour concurrencer la NBA. Il reprend le nom d'une ligue défunte ayant existé de 1925 à 1955 et qui avait été l'une des premières à avoir essayé de professionnaliser le basket. Et voici huit équipes, principalement à l'Est du pays, prêtes à en découdre avec la NBA.

Le combat tourne court. Manquant de moyens, de fans et de reconnaissance, la ligue ne boucle qu'une seule saison complète, en 1961-62, et arrête ses activités au début de son deuxième exercice, le 31 décembre 1962. Mais de ce passage éclair, de nombreuses curiosités et innovations vont marquer le monde du basket et la NBA. Une des équipes joue à Hawaï, relocalisée plus tard à Long Beach, à cause des frais trop élevés de déplacements pour les autres équipes. L'ABL reste la première ligue de basket à mettre dans ses règles le tir primé à trois points au-delà d'un arc situé à 7,62 mètres (25 pieds) du panier et à 6,70 mètres (22 pieds) sur les côtés. Une petite lumière s'allumait au-dessus du panier à chaque réussite derrière l'arc. On trouvait également une ligne des lancers à la taille olympique. Deux innovations adoptées plus tard par la NBA. L'ABL voit la nomination du premier coach afro-américain d'une équipe pro de basket en la personne de John McLendon. On y croise aussi des visages bien connus en NBA, ou qui vont le devenir : Bill Sharman sur le banc, et sur le parquet Nat Clifton, George Yardley ou encore Connie Hawkins (MVP de l'ABL avec 27,5 points et 13,3 rebonds par match). À la fin des années 1990, une ligue féminine reprend ce nom mais ne survit que deux saisons, de 1996 à 1998, face à la WNBA, l'autre ligue professionnelle lancée la même année avec l'appui de la NBA. Un nom qui décidément ne porte pas chance. ■

LA CONTINENTAL BASKETBALL ASSOCIATION, LE LABORATOIRE

016

Différentes appellations et entités pour cette ligue dont les origines remontent comme la BAA à 1946, mais un mois et demi plus tôt, au 23 avril. Profondément ancrée dans la région de la Pennsylvanie et le nord-est des États-Unis, l'Eastern Pennsylvania Basketball League (son premier nom) a d'abord entretenu des rapports ambigus avec la NBA. Après avoir disputé quelques matchs amicaux contre eux, la NBA a coupé les ponts après la signature chez ce concurrent de joueurs indésirables en NBA pour avoir parié sur des matchs universitaires (notamment Jack Molinas, le 4e choix de la draft 1954 et ancien Piston) ou à cause de la couleur de leur peau, à une époque où des quotas non dits étaient encore bien vivaces. Dès la saison 1946-47, les Hazleton Mountaineers comptent trois joueurs afro-américains dans leur effectif. Moins d'une décennie plus tard, en 1955-56 les Hazleton Hawks alignent pour la première fois dans l'histoire du basketball professionnel un cinq majeur entièrement composé de joueurs afro-américains. L'un d'entre eux, Jesse Arnelle, porte l'espace de

31 matchs la tunique des Pistons de Fort Wayne lors de la même saison. La dernière rencontre entre les deux ligues est datée d'avril 1961, avec une victoire des Boston Celtics sur les Allentown Jets, 120 à 106.

La ligue s'est ensuite muée au courant des années 1960 et 1970 en laboratoire d'idées puis en réservoir de joueurs pour la NBA et l'ABA. Après que l'American Basketball League a intégré la ligne à trois points dans ses règles, l'Eastern Professional Basketball League en fait de même pour la saison 1964-65. En 1970, elle devient l'Eastern Basketball Association et continue tant bien que mal son bonhomme de chemin, avec notamment une équipe installée en 1977 à Anchorage en Alaska puis à Hawaï en 1979. La Continental Basketball Association, son nouveau nom en 1978, teste en 1980-81 sur ses paniers des arceaux pliables à charnières après les dunks destructeurs de plexiglas de Darryl Dawkins des 76ers durant l'hiver 1979. Une innovation technique adoptée par la NBA en 1981. Au début des années 80, la NBA et la CBA passent un accord. Les franchises NBA peuvent piocher dans les effectifs de la CBA pour remplacer un joueur blessé ou tester un de leurs futurs membres : le contrat de 10 jours est né. Avant de rejoindre le banc des Bulls, Phil Jackson passe par la CBA en tant que coach champion avec les Patroons d'Albany en 1984. Après un rachat en 1999 par un groupe d'investisseurs mené par l'ancien meneur des Pistons Isiah Thomas, la CBA ferme définitivement ses portes en 2010. ■

EN GRÈVE

017

« Et sinon, tu fais quoi, le restant de l'année ?
— Je joue en NBA.
— Ah.
— Tu connais pas ? C'est la ligue de basket professionnel. On a une équipe ici, tu sais.
— Ah.
— Laisse tomber. »

Cette conversation fictive aurait très bien pu avoir lieu lors d'un été des années 1950 ou 1960 dans n'importe quelle grande ville américaine où était implantée une franchise NBA. Avec un salaire moyen de moins de 10 000 dollars la saison, seules quelques grandes stars avaient alors le privilège de pouvoir s'adonner uniquement au basket pour subvenir à leurs besoins et à ceux de leur famille. Pratique courante donc pour la majorité des NBAers que de travailler pendant l'été avant de réintégrer l'équipe pour le lancement d'une nouvelle saison. Dans le bâtiment, dans des exploitations agricoles, dans des usines ou dans des bureaux d'assurances, on pouvait croiser des joueurs NBA tel Paul Arizin, 10 fois All-Star, champion NBA en 1956 avec les Warriors et ferrailleur pendant l'été. Pas de plan de retraite, pas d'assurance santé, des calendriers épuisants… Les combats à mener étaient nombreux, mais toute rébellion ou revendication de la part des joueurs était étouffée par les instances dirigeantes. Bob Cousy, le meneur légendaire des Celtics, peut en témoigner. Dès 1954, sous son impulsion le syndicat des joueurs NBA voit le jour. Ignoré, voire méprisé par la direction de la Ligue, il passe vite le relais à son coéquipier Tommy Heinsohn. Il lui faudra attendre dix ans et le All-Star Game de 1964 pour que la National Basketball Players Association (NBPA) soit enfin reconnue. Pourquoi précisément à ce moment-là ? Treize ans après sa première édition, le All-Star Game a enfin l'occasion d'être une vitrine pour la NBA. Les caméras de la chaîne ABC sont prêtes à retransmettre le Match des Étoiles en direct dans tout le pays. Un essai qui, s'il s'avérait concluant, pourrait vite être transformé avec des diffusions en direct de matchs NBA, et ce dès la saison suivante. Saisissant cette opportunité unique, c'est ainsi que l'heure du coup d'envoi est arrivée, mais les joueurs sont encore retranchés dans leur vestiaire. Walter Kennedy, le *commissioner* de la NBA, cède et finit par accepter de reconnaître l'existence officielle du syndicat des joueurs et d'écouter leurs revendications. Une première bataille gagnée par les joueurs qui, enfin, ont le sentiment d'être écoutés. ■

DANS L'ÉQUIPE DE L'ONCLE SAM

018

Non content de travailler pendant l'intersaison chez un ferrailleur pour boucler les fins de mois, l'arrière des Warriors et membre du Hall of Fame Paul Arizin a aussi vu deux saisons complètes de sa carrière, de 1952 à 1954, être oblitérées par l'appel sous les drapeaux. Une obligation pour quantité de jeunes Américains de l'après-guerre, alors que leur pays est encore engagé dans de nombreux conflits à travers le monde. Les joueurs de basket professionnels ne faisaient évidemment pas exception, et nombreux ont été ceux qui ont dû ranger leurs sneakers pour enfiler des boots et remplir leurs obligations citoyennes, que ce soit en déploiement à l'étranger ou au pays. De tous ses joueurs-soldats, le cas d'Elgin Baylor est le plus remarquable. Réserviste, il est appelé en service actif lors de la saison 1961-62, ce qui ne lui laisse pas d'autre choix que de faire des allers-retours sur des week-ends et lors de ses permissions pour rejoindre ses Lakers, où qu'ils jouent. Il réussira le tour de force de s'aligner sur 48 matchs avec des moyennes improbables de 38,3 points et 18,6 rebonds, avec une sélection All-Star à la clé, et de revenir définitivement en NBA pour poursuivre sa carrière incroyable. D'autres jeunes joueurs ont connu des transitions plus difficiles, à l'image de Terry Dischinger. Médaillé d'or olympique en 1960, 10e choix de la draft 1962 et Rookie de l'Année, il est All-Star sur ses trois premières saisons pro, avec 21,1 points et 7,4 rebonds de moyenne. Sa carrière prometteuse connaît un brusque coup d'arrêt en 1965, quand il est envoyé deux ans en service à Hawaï. Il ne retrouvera jamais le niveau qui était le sien sur ses trois premières saisons et quittera la NBA avec des moyennes en berne (10,2 points, 4,7 rebonds). Mike Silliman, lui, est passé volontairement par la case forces armées. Diplômé de la United States Military Academy, plus connue sous le nom de West Point, il reste le seul joueur NBA à être passé par la prestigieuse institution militaire. Drafté en 1966 par les Knicks, médaillé d'or aux JO de 1968 alors qu'il est stationné en Corée, il n'arrive en NBA qu'en 1970 chez les Braves de Buffalo (futurs Clippers de L.A.). Une vingtaine d'années plus tard, David Robinson, le pivot des Spurs, retarde de deux saisons son arrivée en NBA pour honorer ses obligations dans la Navy, ce qui ne l'empêchera pas d'être élu Rookie de l'Année en 1990. ■

TOP 5 DES EXPLOITS TITANESQUES DE WILT CHAMBERLAIN

1

6 matchs à 70 points ou plus

En plus de son match à 100 points de mars 1962, Chamberlain a dépassé la barre des 70 points à deux autres reprises lors de cette saison 1961-62 record à 50,4 points de moyenne, avec une pointe à 78 points en décembre 1961 et une autre à 73 en janvier 1962. Un palier qu'il atteint ou dépasse à trois autres occasions la saison suivante (73, 72 et 70). Trois victoires pour trois défaites sur ces cartons.

2

55 rebonds en un match

Le 24 novembre 1960, face à son grand rival sous les panneaux Bill Russell qui n'attrape « que » 19 rebonds, Wilt Chamberlain en gobe 55. Un effort défensif insuffisant, car les Celtics l'emportent sur le Big Dipper, qui a déclaré à propos de cet exploit : « Quand le match a touché à sa fin, je crois bien que je n'avais jamais été aussi épuisé de toute de ma vie. »

3

227 doubles-doubles à la suite

Du 11 décembre 1964 au 17 novembre 1967, Wilt est imbattable sur la combinaison points-rebonds. La série manque de s'arrêter le 4 novembre 1967 quand il ne marque qu'un seul point, qu'il compense avec 18 rebonds et 13 passes. Clap de fin officiel le 18 novembre : 8 points, 6 passes et… 33 rebonds. Il détient également la 2e plus longue série de doubles-doubles d'affilée (220) ainsi que la 3e (133).

4

48,5 minutes de moyenne sur une saison

Pour arriver à cette moyenne ahurissante, c'est simple : il faut jouer l'intégralité des 4 quarts-temps de 12 minutes d'un match NBA ainsi que toutes les prolongations éventuelles, sans s'arrêter. C'est ce que fait Wilt Chamberlain lors de sa saison historique de 1961-62. Sur ses 14 saisons NBA, il ne joue d'ailleurs jamais moins de 42 minutes par match en moyenne.

5

8 « doubles-quadruples » : 40 unités ou plus dans deux catégories différentes

Si l'éventualité d'un quadruple ou même d'un quintuple-double est bien réelle en ce qui concerne Wilt Chamberlain, le double-quadruple est lui avéré : à huit occasions, il atteint ou dépasse 40 points et 40 rebonds, dont 78 points et 43 rebonds le 8 décembre 1961. Sur ces huit sorties, une moyenne de 52,6 points et 42,2 rebonds pour 5 victoires et 3 défaites.

019

LA PREMIÈRE RUÉE DES BULLS

Les Bulls ne sont peut-être pas la première franchise NBA à Chicago, mais ils vont entrer dans l'histoire de la NBA par la grande porte dès leur première saison. Avant eux, les Chicago Stags, finalistes malheureux de la première saison de la BAA en 1947, ne survivent que quatre saisons dans l'Illinois. Avec un compteur bloqué à huit équipes depuis 1954 et la cessation d'activité des Baltimore Bullets en cours de saison, les Chicago Packers retentent l'expérience en 1961-62. Renommés Zephyrs la saison suivante, ils déménagent pour Baltimore en 1963 et prennent le nom de Bullets, pour in fine devenir les actuels Wizards de Washington. En pleine négociation pour un contrat de diffusion nationale avec ABC, la NBA et la chaîne télé arrivent à la même conclusion : avec une implantation dans les trois plus grandes villes du pays : Los Angeles, New York et... Chicago, les profits seraient meilleurs. Dick Klein, homme d'affaires et ancien joueur pro à Chicago en NBL, pousse le dossier. Un nom qui rappelle l'industrie bovine de la ville, qui évoque la force et la puissance, soufflé par son fils en réaction à ses premières suggestions (« *That's a lot of bullsh*t!* ») et qui tient en une syllabe, comme celui des autres équipes de la ville (Bears, Cubs). Les couleurs rouge et noir de son ancien lycée. Un logo créé par un ami designer en échange de quelques tickets. Et voilà les Bulls qui débarquent pour la saison 1966-67 dans la division Ouest (on ne parle pas encore de conférences).

Sur le banc, un coach du cru au surnom parfait, Johnny « Red » Kerr. Un effectif prometteur, avec des noms solides comme l'ailier Bob Boozer (aucun lien avec le futur Bull des 2010's Carlos Boozer), la première star des Bulls Jerry Sloan (All-Star cette saison-là) et le meneur triple All-Star Guy Rodgers, qui finira meilleur passeur de la saison (également All-Star en 1967). Et malgré un bilan négatif de 33 victoires pour 48 défaites, Chicago va valider une qualification en playoffs ! Quatre équipes sur les cinq de chaque division sont alors qualifiées, mais pas de miracle pour les Bulls qui se font éliminer 3-0 au premier tour par les Hawks. Pour son bilan, Red Kerr, le futur commentateur télé adoré des fans pendant l'ère Jordan, est élu Coach de l'Année. Encore une première : jamais un entraîneur n'avait reçu ce trophée (ni depuis) avec un bilan négatif. Pour leur première ruée, les Bulls ont bel et bien laissé leurs empreintes de sabots sur la NBA. ■

L'AMERICAN BASKETBALL ASSOCIATION, LE VOISIN TURBULENT

020

Les menaces NBL et ABL écartées, la CBA sous contrôle, les dirigeants de la NBA pensaient peut-être avoir le champ libre pour se développer tranquillement... C'était sans compter sur Dennis Murphy, entrepreneur dans le milieu sportif. En 1967, il s'allie avec l'avocat Gary Davidson pour lancer une nouvelle ligue pro, l'American Basketball Association, avec l'objectif final de forcer la NBA à fusionner avec eux. George Mikan, légende de la NBA, est nommé *commissioner* de la ligue aux 11 franchises. Et comme avec les autres concurrents de la NBA, l'ABA accueille à bras ouverts ceux qui se voyaient refuser une place chez le voisin, à cause de leur âge, de la couleur de leur peau ou pour n'importe quelle autre raison, tel Connie Hawkins, premier MVP de l'ABA, indésirable en NBA à cause d'une prétendue participation à des paris sur des matchs universitaires.

Ballon tricolore bleu, blanc et rouge, ligne à trois points, plus tard le concours de dunks... Sur le plan sportif, l'attrait de l'ABA peut paraître anecdotique mais le style de jeu qui s'y développe n'a rien de grotesque. Influencé par la vivacité et l'inventivité du basket des playgrounds, l'ABA va marquer durablement la façon de jouer au basket. Le spectacle n'a pas lieu que pendant les matchs, avec l'apparition des cheerleaders et la mise en place de spectacles et animations aussi loufoques qu'originales pour gagner les faveurs d'un public souvent clairsemé. Ce marketing avisé et percutant donne un coup de pied dans l'establishment du sport professionnel représenté par la conventionnelle NBA. La guerre est lancée pour récupérer les stars les plus prometteuses et pour attirer les fans !

Alors que des rumeurs de fusion émergent dès 1971, les deux ligues mettent en place des matchs de présaison entre certaines de leurs franchises. D'accord pour récupérer l'argent des billets vendus, mais pas non plus pour faire trop de pub à la ligue concurrente, la NBA préfère dans un premier temps envoyer ses franchises jouer dans des salles des franchises l'ABA, ravies de surfer sur la notoriété des équipes visiteuses. On alterne ainsi les mi-temps avec le ballon tricolore de l'ABA et le ballon orange de la NBA ; même chose pour la ligne à trois points et l'horloge de 30 secondes de l'ABA, en vigueur pour une moitié de match seulement. Le premier de ces matchs voit les Bucks de Kareem Abdul-Jabbar l'emporter de justesse sur les Dallas Chaparrals (106-103) le 21 septembre 1971. Du 22 au 25, les Bullets de Baltimore partent en une mini-tournée conclue par trois défaites face aux Kentucky Colonels, aux Floridians de Miami et aux Carolina Cougars. ■

À LA CONQUÊTE DE L'OUEST

021

Au milieu des années 60, la NBA cherche à s'implanter plus à l'ouest, où elle ne compte que deux franchises, les Lakers à Los Angeles depuis 1960 et les Warriors à San Francisco depuis 1962. Ces deux équipes n'ayant pas leur origine dans leur ville actuelle, les fans pourraient accueillir chaleureusement leur propre franchise et ainsi, s'identifier plus facilement à des équipes « locales ». Non ? San Diego en Californie et Seattle, dans l'État de Washington, accueillent donc une nouvelle franchise NBA pour la saison 1967. Et comme par hasard, en 1967, on compte déjà plusieurs franchises ABA à l'ouest du pays au lancement de cette nouvelle ligue concurrente, et notamment en Californie : les Anaheim Amigos (qui deviendront les Los Angeles Stars dès la saison suivante) et les Oakland Oaks. La NBA serait-elle fébrile face à l'ABA aux salaires attrayants et aux attractions originales sur et en dehors du terrain ?

Les onzième et douzième franchises ont de nombreux points en commun, à commencer par leur nom, et deux rookies au parcours symbolique. Les Rockets s'installent à San Diego, berceau de l'industrie aéronautique. Le rookie Pat Riley y commence sa carrière NBA tandis qu'à 200 kilomètres au nord, les Lakers inaugurent leur nouvelle salle, le Forum d'Inglewood, une arena où Riley connaîtra de grands moments de basket avec 4 titres de champion en tant que coach et un en tant que joueur en 1972. Rockets qui d'ailleurs tiendront en échec les Knicks de coach Riley lors des Finals de 1994. Seattle accueille quant à elle le siège de Boeing, dont le projet de développer le premier avion supersonique *made in USA* inspire le nom de la franchise. Les SuperSonics font débuter le rookie Al Tucker, sorti de la... Oklahoma Baptist University. Un présage de la fin des Sonics, qui restent à Seattle jusqu'à leur vente plus que litigieuse pour les fans en 2006 et leur déménagement à Oklahoma City en 2008. Rockets et Sonics ne partagent pas uniquement un nom en rapport avec l'industrie aéronautique. À l'image des Sonics, vert et jaune sont les premières couleurs des Rockets, qui basculeront sur le rouge et jaune à leur déménagement à Houston en 1971. Leur premier affrontement, daté du 21 octobre 1967, est le premier match de la saison à aller en prolongation et voit les Sonics s'imposer 117 à 110. La saison régulière NBA passe d'ailleurs cette année-là de 81 à 82 matchs mais cela n'a aucune incidence sur le bilan des deux franchises rookies, qui ne valident pas leur qualification en playoffs avec seulement 23 victoires pour les Sonics et 15 pour les Rockets. ■

STAN LORBER, ALL-NBA 1st DOC

022

Né à New York en 1917, Stanley Lorber déménage avec ses parents à Philadelphie dans son enfance. Étudiant-athlète brillant à l'université de Pennsylvanie, une fois son diplôme de docteur en médecine en poche, « Stan » Lorber part en Europe pour servir dans l'armée américaine engagée dans le conflit mondial. De retour au pays à la fin de la guerre, il décroche un emploi de professeur à l'école de médecine de l'université de Temple à Philadelphie, un poste qu'il occupera 43 ans. Dès la fin des années 1950, il arrive à convaincre Eddie Gottlieb, le general manager des Philadelphia Warriors, de l'engager pour veiller à la santé et la récupération de ses joueurs. Selon lui, une équipe de basket pro doit être dotée de son propre docteur. L'argument fait mouche. En 1959, il intègre le staff des Philadelphia Warriors et devient ainsi le premier *team doctor* d'une franchise NBA, poste qu'il occupe pendant près de 25 ans pour les Warriors puis pour les 76ers qui débarquent à Philly en 1963.

Son arrivée chez les Warriors en 1959 coïncide avec celle du troisième choix de la draft, le titan Wilt Chamberlain, qu'il connaît déjà pour l'avoir accompagné avec les

Globetrotters en Russie lors de leur tournée de 1959. Quand le Big Dipper se présente chez les Warriors, c'est Lorber qui conduit sa visite médicale et valide ses mensurations officielles : 2,16 mètres pour 110 kilos. Il devient par la suite le médecin personnel de Wilt Chamberlain et développe une profonde amitié avec lui. Alors que Chamberlain suit les Warriors à San Francisco à leur déménagement en 1962, c'est également Lorber que les propriétaires des Philadelphia 76ers, Irv Kosloff et Ike Richman, dépêchent sur place en Californie pour examiner Wilt en vue de son retour à Philadelphie en 1965. Le check-up de Lorber est positif, le retour de Wilt en Pennsylvanie est validé. Le 23 février 1968, quand Wilt devient le premier joueur NBA à inscrire 25 000 points en carrière, il offre le ballon du match à Lorber. Tout au long de sa carrière au service des joueurs de Philadelphie, le Dr Lorber tisse des relations étroites avec d'autres légendes de Philadelphie comme Billy Cunningham ou Julius Erving et gagne le droit de porter les deux bagues de champion obtenues par les 76ers en 1967 et 1983. ■

023

UN VENT DE FRAÎCHEUR DANS LE DÉSERT ET DU RÉCHAUFFÉ DANS LE NORD

Deux villes au climat et au passé sportif bien différents vont accueillir en cette saison 1968-69 deux nouvelles franchises NBA. Du côté des investisseurs des Suns menés par Richard L. Bloch, le pari était loin d'être gagné. Pour le *commissioner* Walter Kennedy, Phoenix est un marché « trop chaud, trop petit, trop éloigné ». Bloch arrive à ses fins et les Suns deviennent la première équipe sportive professionnelle de l'un des quatre sports majeurs américains à s'implanter en Arizona. Installée au Veterans Memorial Coliseum (surnommée « The Madhouse on McDowell »), le premier coach de l'équipe n'est autre que Johnny « Red » Kerr, qui avait fait des miracles avec les Bulls lors de leur première saison en 1966-67. Le soleil de l'Arizona ne lui ira pas vraiment : 5 victoires pour 5 défaites pour entamer la saison avant de plonger pour ne plus se relever avec seulement 16 victoires à la fin de leur premier exercice. L'effectif a pourtant de beaux éléments, avec notamment Dick Van Arsdale. Il héritera du surnom d'« Original Sun » pour avoir été le premier joueur sélectionné dans l'*expansion draft* permettant aux nouvelles franchises de piocher dans les *rosters* des équipes déjà existantes. Dans sa nouvelle équipe, il inaugure cette saison-là la première de ses 3 sélections All-Star d'affilée, avant d'être l'un des artisans du run des Suns jusqu'aux Finals en 1976.

Milwaukee, sur les rives du lac Michigan, est beaucoup plus proche d'un point de vue géographique et sportif des franchises historiques de la Ligue. La plus grande ville du Wisconsin avait déjà accueilli une équipe NBA, les Hawks, de 1951 à 1955. D'ailleurs, lors de cette même saison, ces Hawks arrivent à Atlanta, dernière étape de leur voyage après être passés par les Tri-Cities, Milwaukee donc, et Saint-Louis. Le premier panier de l'histoire des Bucks est inscrit après seulement 13 secondes de jeu par Jon McGlocklin (le « Original Buck », pour le coup), All-Star cette saison-là. Logiques derniers de la saison régulière, les Suns et les Bucks procèdent au fameux pile ou face qui décidait alors de la franchise qui hériterait du futur premier choix de la draft à venir. Les Bucks l'emportent et sélectionnent Lew Alcindor d'UCLA. Trois ans plus tard, en 1971, celui-ci emmènera les Bucks en finale pour le premier titre de l'équipe et changera son nom pour Kareem Abdul-Jabbar. Cinquante ans plus tard, en 2021, les deux franchises se retrouvent en finale. Et de nouveau, les Bucks l'emportent sur leurs collègues d'expansion. ■

MARATHON MAN

De 60 matchs de saison régulière à sa création en 1946, le nombre de rencontres dans une saison NBA a petit à petit augmenté jusqu'à en atteindre 80 en 1961-62. En 1966-67, on passe à 81 matchs et enfin, en 1967-68, à 82. Walt Bellamy, 1er choix de la draft 1961 et quadruple All-Star sur ses quatre premières saisons pro, affiche sur l'ensemble de sa carrière une belle régularité en termes de présence sur le terrain. Sur ses sept premières saisons, le pivot ne rate que trois rencontres. Sur cette lancée et par un hasard du calendrier, il va boucler en 1968-69 une saison historique avec... 88 matchs joués ! Après avoir disputé 35 rencontres avec les Knicks, il est envoyé chez les Pistons en décembre 1968 pour qui il joue 53 matchs. À ce moment-là de la saison, avec un bilan de 11 victoires pour 19 défaites, Detroit compte 6 matchs de retard sur New York, qui pointe à 19 succès pour 17 revers. Son premier match avec les Pistons, il le dispute d'ailleurs face à son ancienne franchise, les Knicks, qui leur infligent une sévère déculottée (défaite de 48 points). Sa saison s'achève le 23 mars, sans playoffs, mais avec 88 matchs dans les jambes.

Sa saison est un véritable marathon qui illustre parfaitement les calendriers réservés à cette époque aux équipes NBA, obligées de s'adapter aux horaires des vols commerciaux et aux disponibilités des salles. Après quelques matchs de présaison, son calendrier est ensuite parsemé de *back-to-back*, nom donné à un enchaînement de matchs sans jour de récupération entre deux rencontres. Morceaux choisis : à sept reprises lors de la saison, il enchaîne trois matchs en trois jours, sans repos ; six matchs du 19 au 27 novembre dont trois en *back-to-back* ; du lundi 27 janvier au dimanche 2 février, il enquille six matchs en sept jours dont... cinq d'affilée ! Et ce après un seul jour off, le mardi 28 ! Un jour de repos le 3 février, avant de reprendre sur un back-to-back les 4 et 5 février... Au total, ce sont 38 *back-to-back* auxquels il prendra part.

Heureusement, les instances de la NBA ont compris que le manque de repos était fortement dommageable à la santé des joueurs et à la qualité du jeu (et donc du spectacle). Avec environ 13 *back-to-back* par équipe en 2021-22, des déplacements optimisés, une meilleure gestion de l'accumulation de la fatigue physique (le fameux *load management*), il est fort probable – et souhaitable – que la saison marathon de Walt Bellamy ne soit plus jamais imitée. Lors de son ultime saison NBA en 1974, coupé par le Jazz dès le début de saison, il ne prendra part qu'à un seul match, son 1043e en carrière. ■

LES HOMMES DU LOGO

025

Dans un rond blanc, les mots « NATIONAL » en haut et « ASSOCIATION » en bas suivent la courbe des coutures suggérées d'un ballon en s'incurvant vers le centre, où ressort un « BASKETBALL » légèrement bombé. Avec ces lettres rouge foncé, plissez un peu les yeux, et le premier logo de la NBA ressemble à s'y méprendre à une énorme balle de baseball. Près de vingt ans plus tard, il est temps pour la NBA de moderniser son image face à la jeune ABA qui s'est approprié les couleurs tricolores du drapeau américain. En 1969, la Ligue fait alors appel à Alan Siegel, à la tête d'une agence de *branding* qui aide les marques à définir leur identité visuelle. Celui-ci avait supervisé un an plus tôt la création du logo de la Major League Baseball, sur le désormais célèbre modèle bleu à gauche, silhouette centrale en blanc, rouge à droite. Le *commissioner* Walter Kennedy veut s'inscrire dans cette veine et dans la grande famille des sports américains. Alan Siegel n'est pas étranger au monde du basket, lui qui a été le coéquipier au lycée de Larry Brown, la légende de l'ABA et plus tard le coach champion en NCAA et NBA. De plus, l'un des premiers clients de Siegel, Uniroyal, lui demande de promouvoir l'une de ses filiales, le fabricant de chaussures Keds, très populaire auprès des basketteurs. Pour trouver l'inspiration pour le logo de la NBA, Siegel fait appel à son ami Dick Schaap, rédacteur en chef de *Sport Magazine*, pour feuilleter ses archives photos. Dedans, un numéro du magazine *Sports Review's* consacré à la saison NBA 1967-68. En couverture, Jerry West dans son uniforme bleu et blanc des Lakers, ballon dans la main gauche, penché en plein dribble, tente de déborder Oscar Robertson des Cincinnati Royals. La photo prise par Wen Roberts en 1968 tape dans l'œil d'Alan Siegel par sa verticalité et le mouvement qu'elle transmet. Le cliché sera sa principale source d'inspiration pour la nouvelle mouture du logo de la NBA, mais cela restera un secret pendant de nombreuses années. Même si elle ne renie pas l'inspiration, la NBA ne veut pas admettre officiellement que Jerry West est le modèle du logo. Un refus qui pourrait tenir en un seul mot : royalties. West, à qui personne n'a demandé son avis, n'en a jamais réclamé non plus mais a avoué plus d'une fois ne pas être à l'aise à l'idée que sa silhouette incarne l'image de la Ligue. On pourrait également avancer en défense de la Ligue qu'à travers ce logo, la NBA veut rassembler au lieu de désigner un joueur, une ethnie, un poste ou une époque en particulier. ■

ON REFAIT LE MATCH

026

En cette fin de match du 6 novembre 1969 entre Bulls et Hawks, au Chicago Stadium, Atlanta mène de 2 points, 124 à 122. Dans les derniers instants de la rencontre, un tir de la dernière chance rebondit sur l'arceau avant que le pivot des Bulls, Tom Boerwinkle, ne le fasse rentrer d'une petite touche. Égalité, reste une seconde à jouer. Sauf que... non. L'arbitre refuse ce panier qui aurait permis à Chicago d'égaliser, sous prétexte qu'il aurait entendu le buzzer final retentir avant que le ballon ne rentre dans le cercle ! Tous les signes montrent pourtant qu'il reste effectivement cette fameuse seconde à jouer : l'horloge l'affiche encore, la table de marque assure ne pas l'avoir fait tourner jusqu'au bout et le prouvera en déclenchant le chrono. Celui-ci fait défiler la seconde restante et sonner le buzzer. L'arbitre ne cède pas et quitte le terrain en déclarant le match fini et les Hawks, vainqueurs. Plainte déposée, requête acceptée, la dernière seconde du match sera rejouée avant l'affrontement suivant entre les deux équipes, le 8 février 1970. La deuxième fin de match connaîtra une conclusion tout aussi improbable que la première. Alors que les deux équipes se retrouvent à Chicago pour rejouer cette ultime seconde, le chrono défile bien jusqu'au bout, mais cette fois-ci, c'est le buzzer qui ne sonne pas ! Une omission de réglage un brin gênante mais les officiels déclarent le match bel et bien fini. Direction la prolongation qui verra les Hawks finalement l'emporter.

Le « Phantom Buzzer Game » reste une anomalie, voire une rareté en NBA : un match à l'issue contestée puis rejouée, mais dont la date officielle reste dans les archives à celle de la première rencontre, ceci expliquant la suite. On retrouve la première occurrence de ce cas de figure en novembre 1952 entre Warriors et Hawks (encore eux, tiens). Moins de dix ans après le coup du « buzzer fantôme », le match du 8 novembre 1978 entre Nets et 76ers est arrosée d'une pluie de fautes techniques (10). La NBA reçoit la plainte des Nets et accepte de faire rejouer les dernières 17:50 minutes du match quatre mois plus tard. Seulement, des joueurs ont été échangés entre-temps entre les deux équipes et ces derniers apparaissent donc officiellement sur les feuilles de match des deux équipes pour le même match. Shawn Marion a fait encore plus fort en 2008 : sur le papier, celui-ci a joué le même soir dans deux matchs différents, pour les Suns ET pour le Heat. Comment ? Après avoir été transféré en cours de saison à Miami qui devait rejouer la fin d'un match contesté contre... les Hawks, encore, alors qu'il jouait à l'époque pour Phoenix. ■

1970, ANNÉE HISTORIQUE

027

De nombreux changements attendent la Ligue tout au long des années 1970, qui se feront encore ressentir cinquante ans plus tard. Pour la saison 1970-71, alors qu'elle est sur le point de fêter ses 25 ans d'existence, la NBA fait le plein de nouveautés. La Ligue ne compte plus seulement des divisions mais est désormais organisée en conférences, Western et Eastern, elles-mêmes séparées en divisions : Atlantic et Central à l'Est, Midwest et Pacific à l'Ouest. Trois nouvelles équipes rejoignent les 14 déjà en place : les Trail Blazers à Portland, les Buffalo Braves (futurs Clippers) et les Cleveland Cavaliers. Pour la première fois de son histoire, la NBA désigne deux rookies pour le trophée de meilleur débutant de la saison, Geoff Petrie des Blazers et Dave Cowens des Celtics.

L'âge des titans Russell et Chamberlain semble quant à lui toucher à sa fin : les Finals de 1971 sont en effet les premières depuis 1956 à se disputer sans l'un des rivaux éternels, et sans aucune franchise « historique » présente depuis la création de la BAA-NBA. Russell a pris sa retraite en 1969, mais Wilt reviendra pour un baroud d'honneur en Finals en 1972 sous le maillot des Lakers, en décrochant au passage le trophée de MVP des Finals. En 1971, la place est prise par un autre géant qui, à son tour, va s'inviter régulièrement en Finals jusqu'à la fin des années 1980 : Kareem Abdul-Jabbar, le premier MVP de cette nouvelle décennie, est également MVP des Finals avec les Bucks, arrivés dans la Ligue en 1968 face aux Bullets, en NBA depuis 1961.

Un autre changement apporté cette saison-là aura un impact sur l'ensemble des acteurs de la Ligue sur le terrain : à partir de 1970, la balle orange passe d'une surface divisée en quatre panneaux de cuir à une nouvelle version, celle qu'on lui connaît actuellement, à huit panneaux à picots. ■

NOUVELLE FRANCHISE, MODE D'EMPLOI

028

Les candidats à l'appel d'offres d'expansion de la NBA de 1970 ne manquent pas : Houston, Minneapolis, Memphis, Kansas City, Cleveland, Buffalo et Portland sont sur les tablettes. De ces villes, seules les trois dernières étrennent une nouvelle franchise NBA. Les défricheurs (*blazers*) de pistes (*trail*) qui ouvrirent la voie aux pionniers au début du XIXe siècle à travers le nord-ouest des États-Unis jusqu'en Oregon ont donné leur nom à la franchise. De ces signaleurs, qui marquaient d'une encoche (*blaze*) dans les arbres le chemin à suivre, la franchise va en honorer l'héritage sur le terrain et dans ses rapports avec ses fans, se posant ainsi en précurseur et modèle à suivre pour toute nouvelle franchise NBA.

Visuellement, d'abord, avec un logo moderne et original présentant deux groupes de cinq lignes s'enroulant l'un sur l'autre, allégorie des deux équipes de cinq joueurs s'affrontant sur un terrain de basket. Ensuite, sur le terrain. Contrairement aux autres nouvelles franchises de cette saison 1970-71 que sont les Braves de Buffalo et les Cleveland Cavaliers, les Blazers vont s'inviter régulièrement en playoffs. Après six saisons d'apprentissage sans playoffs, pour sa première participation en *postseason* en 1977, derrière Bill Walton et coach Jack Ramsay, la franchise de l'Oregon s'invite carrément jusqu'aux Finals et remporte le titre ! Un début en fanfare qui verra les Blazers valider leur ticket pour les playoffs 26 fois en 27 ans, dont 21 fois de suite entre 1983 et 2003 !

Enfin, en dehors du terrain. Ce succès pérenne est accompagné par une superbe ferveur populaire. Entre 1977 et 1995, l'équipe joue à guichets fermés à domicile 814 matchs de suite, un record qui ne sera détrôné qu'en 2020 par les Mavericks. La « Blazermania » déferle dans la plus grande ville de l'Oregon, une dévotion des fans locaux à leur équipe qui se manifeste dès la saison d'ouverture. Lors d'un match contre les Lakers le 18 mars 1971, Bill Schonely, le commentateur historique des Blazers, lance un incompréhensible « Rip City! » au micro en réaction à un tir miraculeux et égalisateur de l'arrière Jim Barnett. Malgré une belle remontée, Portland perd le match. Schonely n'a aucune explication rationnelle pour ce cri du cœur lâché dans le feu de l'action, mais le terme reste. De surnom, il se mue en cri de ralliement et devient petit à petit synonyme de la franchise et surnom de la ville de Portland elle-même. ■

LES TUMULTUEUSES AVENTURES DES BRAVES CLIPPERS

029

Dès sa fondation, la destinée des Braves, futurs Clippers, était vouée à connaître de nombreux rebondissements. Octroyée à la ville de Buffalo avant même qu'elle ne soit assignée à un groupe de propriétaires, la franchise n'a ensuite eu cesse de se chercher une identité. Son tout premier match de présaison est un symbole de ses futures pérégrinations. Après l'avoir emporté face aux Cavaliers de Cleveland 97 à 95 dans l'Ohio, une panne d'essence du bus de l'équipe à 2 heures et demie du matin sur le chemin du retour oblige les nouveaux coéquipiers à trouver refuge dans un hôtel voisin. Alors que les Braves sont troisièmes par ordre de priorité pour pouvoir profiter du Buffalo Memorial Auditorium après les Sabres (NHL) et les Griffs de Canisius College (basket universitaire), les joueurs sont contraints d'aller jouer à Syracuse et Rochester, dans l'État de New York. Entre 1971 et 1975, ils traversent la frontière et jouent régulièrement à Toronto, au Canada. Après la traversée de la frontière, la traversée du désert... Hormis une parenthèse dorée (3 demi-finales de conférence d'affilée entre 1974 et 1976) avec Bob McAdoo et coach Jack Ramsay avant que celui-ci n'aille gagner le titre à Portland en 1977, les Braves ne vont en *postseason* que 3 fois sur leurs 8 premières saisons.

En 1978, telle une carte de basket en double dans une collection, la franchise change de propriétaire et atterrit entre les mains d'Irv Levin. Celui-ci a tout bonnement échangé ses Celtics avec le propriétaire des Braves pour déménager la franchise de Buffalo dans son État natal, en Californie. La relocalisation à San Diego et le baptême en Clippers ne changent pas grand-chose, car la franchise ne retrouve les playoffs qu'en... 1992 ! Sur les 15 saisons entre ces deux éphémères aventures en playoffs, un seul exercice est bouclé avec un bilan positif. Les Braves-Clippers compilent sur cette période 50 défaites ou plus à 12 reprises, dont un terrible bilan de 12 victoires pour 70 défaites en 1986-87. Basés à Los Angeles depuis 1984, après deux qualifications de suite en playoffs en 1992 et 1993, les Clippers de L.A. vont connaître une nouvelle pénurie d'apparitions en playoffs, avec seulement deux qualifications jusqu'en 2012 (1997 et 2006). Depuis, elle a connu sa première finale de conférences en 2021. Le chemin vers le titre est peut-être encore long, mais après avoir connu tant de cahots sur leur route, les Clippers semblent être arrivés à destination. ■

DE BON MATIN

030

Quand Bill Sharman, le nouveau coach des Lakers en 1971, demande en début de saison à ses joueurs de le rejoindre à la salle pour une petite séance de shoots et d'étirements, il ne le fait pas uniquement pour bien se faire voir auprès de ses nouveaux patrons. Non, Sharman a une tout autre idée derrière la tête : faire lever ses joueurs à une heure raisonnable, les aider à retrouver leurs sensations physiques et à prendre confiance en prenant la mesure de leur environnement, autrement dit les salles adverses lors des matchs à l'extérieur. Sharman avait recours au *shootaround* depuis ses jours de joueur avec les Celtics dans les années 1950. Nerveux un jour de match au début de la saison 1955-56, il décide d'aller faire quelques tirs au gymnase du coin. Après 4 titres sur le parquet avec Boston, il entame une carrière tout aussi victorieuse sur le banc en étant champion en American Basketball League avec les Cleveland Pipers (1962), puis en ABA avec les Utah Stars (1971). Le *shootaround* l'accompagne à chaque fois.

Ce petit décrassage matinal n'a pas fait l'unanimité au sein des premiers concernés, à savoir les joueurs. Une réserve que l'on peut comprendre en remettant dans le contexte la logistique d'une équipe NBA dans les années 1960 et 70. En déplacement, les équipes étant soumises aux horaires des vols commerciaux, les plannings de repos pouvaient être sérieusement rabotés. Match en soirée, le sommeil tarde à arriver, et il faut déjà se lever aux aurores pour grimper dans l'avion pour le match suivant. Et en plus, il faut aller s'entraîner ? Ces considérations passeront au second plan après la saison 1971-72. Ayant entraîné des Lakers vieillissants (dont un Chamberlain pourtant réticent au début et finalement plus que convaincu) jusqu'au titre après une incroyable saison ponctuée d'une série de 33 victoires d'affilée, Sharman et son rituel du *shootaround* fera des émules dans tous les *coaching staffs* de la Ligue. Toute équipe sérieuse qui se respecte a donc mis en place son entraînement matinal les matins de jours de match, une habitude qui perdure. ■

© Icon Sport

Chamberlain au dunk sur Jabbar le 9 janvier 1972, mais la victoire sera pour les Bucks qui stoppent ce soir-là la série record de 33 victoires de suite des Lakers.

AU CANADA

031

Le Canada est orphelin d'une franchise NBA après que les Huskies ont mis la clé sous la porte en 1947, à l'issue de leur seule et unique saison en BAA. Accueillant tous les ans des matchs des Harlem Globetrotters, le Maple Leaf Gardens ressort le parquet et le reste des installations des Huskies pour le show des Globies. La NBA va ensuite sporadiquement honorer de sa présence la patrie de James Naismith, l'inventeur du basketball, avec plusieurs matchs de saison régulière. Le 8 janvier 1957, Minneapolis Lakers et Fort Wayne Pistons s'affrontent sur un terrain en ciment à Winnipeg. Le 30 octobre 1966, relocalisés à Los Angeles et Detroit, les deux équipes se retrouvent en terrain neutre à Montréal. En 1968 et 1969, Vancouver accueille plusieurs matchs des SuperSonics de Seattle, leur voisin à 230 kilomètres au sud. Le 14 janvier 1971, le Maple Leaf Gardens accueille de nouveau un match NBA entre les Lakers et les Cincinnati Royals, mais le matériel d'après-guerre commence à montrer de l'âge. Les filets des paniers sont si serrés que Chamberlain doit les couper au ciseau, puis l'horloge tombe en panne avant même le début du match.

Les Braves de Buffalo, en manque de salle pour leurs matchs à domicile, jouent plusieurs matchs au nord de la frontière, à Toronto, entre 1971 et 1975. Un moyen pour les propriétaires du Maple Leaf Gardens de Toronto de jauger de l'intérêt du public local pour la balle orange, la ville la plus peuplée du Canada ayant longtemps été pressentie pour accueillir une nouvelle franchise NBA. Cela sera le cas en 1995, quand les Raptors feront leurs débuts en NBA en même temps que les Grizzlies à Vancouver. Pour promouvoir la NBA à travers le pays, les deux équipes vont se produire lors de leur première saison dans d'autres villes au Canada, à Anaheim pour les Grizzlies et à Hamilton pour les Raptors.

Mais entre les Huskies et ces deux franchises, les fans canadiens ont pourtant bien failli avoir droit à une équipe NBA. Les Toronto Towers ont ainsi manqué de peu d'apparaître dans le paysage NBA quand le propriétaire des Cleveland Cavaliers, Ted Stepien, a voulu y délocaliser sa franchise en 1983. Stepien ira même jusqu'à dévoiler un logo, annoncer que son équipe jouera au Maple Leaf Gardens et partager son intention de drafter Leo Rautins, un natif de Toronto éligible à la draft suivante, avant que la réalité économique de ce déménagement ne l'oblige à revenir sur sa décision. Des restes de ce déménagement avorté sont visibles dans le logo des Toronto Tornados, une franchise de la CBA achetée par Stepien l'année suivante et qui ne jouera au Canada que le temps d'une saison, jusqu'en 1985. ■

ATLANTA, TERRE DE RECORDS

032

Depuis leur relocalisation dans la capitale de la Georgie en 1968, les Hawks ont, parfois à leurs dépens, participé à quelques prestigieux moments de l'histoire de la Ligue, à domicile comme en déplacement. Le 1er trophée de Coach de l'Année est décerné en 1963 à Harry Gallatin, le technicien des Saint-Louis Hawks. Le 6 novembre 1969, ils sont là pour le « Phantom Buzzer Game » à Chicago. Avec une 21e victoire consécutive face aux Hawks, les Lakers de 1971-72 battent le record de 20 victoires d'affilée engrangées par les Bucks en 1970-71. Lors de cette saison historique qui les verra remporter le titre NBA, les Lakers pousseront cette série jusqu'à 33 victoires, record toujours invaincu. Le 18 octobre 1974, les Hawks subissent à Chicago un revers en prolongation, théâtre du premier quadruple-double officiel de l'histoire de la NBA, servi par Nate Thurmond, le pivot des Bulls.

Atlanta, Georgie, est une terre de jalons sportifs historiques pour la NBA. Le 27 mars 1998, pour ce qui est censé être le dernier déplacement à Atlanta en carrière de Michael Jordan, le Georgia Dome et les Hawks accueillent une foule record de 62 046 spectateurs, soit la plus grosse affluence qui soit pour un match de saison régulière NBA. En 1999, la Philips Arena sort de terre sur les cendres du vétuste Omni Coliseum où ont joué les Hawks de 1972 à 1997, et c'est en plein centre-ville, au pied des studios CNN, qu'ils vont désormais évoluer. Et l'histoire de la NBA de continuer de s'y écrire... Le 6 décembre 2013, les Hawks reçoivent les Cavaliers à la Philips Arena et Kyle Korver en profite pour établir un nouveau record derrière la ligne à trois points, avec 90 matchs de suite avec au moins un panier à trois points réussi. Korver étendra cette série à 127 matchs, record battu en 2016 par Stephen Curry. Le 4 janvier 2020, à l'occasion d'un match face aux Pacers dans la State Farm Arena (le nouveau nom de la Philips Arena depuis 2018), à l'âge de quarante-deux ans, Vince Carter devient le premier joueur de l'histoire de la Ligue à avoir évolué en NBA sur quatre décennies différentes, un exploit de longévité. La dernière *milestone* en date établie à Atlanta remonte au 10 mai 2021, quand Russell Westbrook enregistre un triple-double monstre à 28 points, 21 passes et 13 rebonds lors d'une défaite de ses Wizards face aux Hawks. Avec ce 182e triple-double, il dépasse Oscar Robertson et établit le record *all-time* de triples-doubles en carrière. ■

033

QUELQUES CONTRETEMPS POUR LES DÉBUTS DU JAZZ

Malheureusement pour la seule nouvelle franchise d'expansion de la saison 1974-75, son nom qui renvoie autant à la musique jazz qu'à sa définition académique d'« improvisation collective » sera à la fois une bénédiction et une malédiction lors de ses premières années. L'improvisation individuelle dont est capable le génial manipulateur de ballons « Pistol » Pete Maravich à son arrivée en Louisiane en 1974 attire la lumière sur la franchise mais ne se traduit pas par une réussite collective. Même s'il est le meilleur marqueur de la NBA en 1976-77 avec 31,1 points par match, les problèmes de genoux de « Pistol » ainsi que l'inconsistance sur les parquets de l'équipe seront une source permanente de déception. L'improvisation s'étend à la logistique : les festivités du Mardi gras obligent l'équipe à partir près d'un mois en déplacement à chaque début d'année et à domicile, le Jazz peine à se trouver une salle. Le Jazz est balloté entre le Municipal Auditorium, le Louisiana Superdome et le Loyola Field House, où le parquet est surélevé d'un bon mètre 80 par rapport aux sièges, tel un ring de boxe. Lors de sa première saison, le syndicat des joueurs force la franchise à installer un grand filet autour du terrain pour empêcher les joueurs de tomber dans les premiers rangs. De l'impro sur la draft et le recrutement également, avec le *front office* qui abandonne des droits qui seront plus tard utilisés par d'autres pour sélectionner Magic Johnson et Moses Malone. Mais pas de fausse note quand il s'agit de drafter Lusia Harris en 1977, la seule basketteuse de l'histoire à avoir été officiellement sélectionnée par une franchise NBA.

En 1979, le Jazz quitte La Nouvelle-Orléans et déménage dans l'Utah, à Salt Lake City. Une destination étonnante au premier abord, mais ce n'est pas comme si la balle orange n'y avait jamais rebondi. La capitale de l'État accueille de nouveau une équipe professionnelle après le *run* des Utah Stars de l'ABA de 1970 à 1976. Coachée par Bill Sharman et son *shootaround*, elle remporte le titre ABA en 1971 et fait faire à Moses Malone ses débuts chez les pros, en 1974-75. Entre ces deux franchises, une troisième a bien failli voir le jour, cette fois-ci avec un nom beaucoup plus ancré dans sa localisation. Les Utah Rockies, hommage aux chaînes de montagnes qui ceinturent Salt Lake City, étaient la nouvelle entité prévue en 1976-77 pour les Spirits Of Saint-Louis de l'ABA, projet avorté à la suite de la cessation d'activité de la ligue concurrente de la NBA. ■

034

LA DÉCENNIE EN LETTRES CAPITALES DES BULLETS

Nés en 1961 à Chicago, les Packers n'évoluent qu'une saison sous ce nom familier aux fans de football américain, mais détesté à Chicago. Les ennemis jurés des Chicago Bears, l'équipe locale de NFL, n'étant autre que les Green Bay Packers, la franchise NBA lâche le nom maudit avant de se baptiser du nom de Zephyrs, plus populaire (le California Zephyr était une ligne ferroviaire mythique qui reliait Chicago à la Californie) et plus local (le vent doux qui vient de l'ouest, Windy City étant une ville naturellement venteuse sur les rives du lac Michigan).

Cela ne suffit pas à faire venir les fans. Dès 1963, direction le Maryland et Baltimore, à près de 1150 kilomètres au sud-est. La franchise prend le nom de Bullets, comme cette autre équipe NBA ayant déjà évolué à Baltimore (voir par ailleurs). Elle y reste 10 saisons jusqu'en 1973 avant de prendre une location d'une saison à Landover, toujours dans le Maryland, à une cinquantaine de kilomètres au sud-ouest, aux portes de Washington. La raison est encore économique, mais les Capital Bullets ne vivent sous ce nom qu'une seule saison avant de prendre celui, plus logique, de la capitale pour la saison 1974-75.

Et quoi de mieux comme cadeau de baptême qu'un bon *run* jusqu'en playoffs ? Pour leur première saison sous la bannière de Washington, mais toujours au Capital Centre de Landover, les Bullets bouclent ce qui reste le meilleur bilan de leur histoire (60-22) et se hissent jusqu'aux Finals pour la 2e fois après 1971. Ils se font *sweeper*, mais ce n'est que partie remise. Derrière le *frontcourt* musculeux formé par Wes Unseld et Elvin Hayes, les Bullets retournent aux Finals en 1978 et remportent à ce jour le seul et unique titre de la franchise, point d'orgue de cette période dorée pour la franchise de la capitale des États-Unis. Entre ces deux escales, les Bullets engrangent 12 participations d'affilée en playoffs entre 1969 et 1980, dont 4 apparitions en finales (et un titre, donc). *A priori*, pas de problème d'adaptation à un nouvel environnement pour les Bullets… ■

ET SI LES CONTRES AVAIENT ÉTÉ COMPTÉS PLUS TÔT...

035

Ou « Le club ultra sélect du quadruple-double ». Le premier à compulser sa feuille de match avec au moins 10 unités dans quatre catégories statistiques différentes, c'est Nate Thurmond, le 18 octobre 1974. Avec déjà 11 saisons bien remplies dans les jambes avec les Warriors, à 17 points et autant de rebonds en moyenne, le septuple All-Star n'est peut-être plus dans son prime, mais il peut encore rendre de fiers services. En attestent ses 14,2 rebonds et presque 3 contres par match la saison précédente. Pour l'ouverture de la saison de Chicago, face aux Hawks, au terme d'une victoire en prolongation il compile pour son premier match avec les Bulls 22 points, 14 rebonds, 13 passes (record en carrière) et 12 contres. Le réservoir de Thurmond n'est pas vide, au contraire : il passe un triple-double huit jours plus tard (11 points, 11 rebonds, 10 passes) puis deux mois plus tard, il est à deux doigts de compiler un autre quadruple-double, avec 9 points, 14 rebonds, 9 passes et 8 contres. Depuis Thurmond, seulement trois autres joueurs ont réussi à compiler un quadruple-double : Alvin Robertson (1986), Hakeem Olajuwon (1990) et David Robinson (1994).

La liste des « quasi » quadruples-doubles est beaucoup plus longue. Quelques jours après Thurmond, Rick Barry (30 points, 10 rebonds, 11 passes, 9 interceptions), puis Larry Steele (12 points, 11 rebonds, 10 *steals* et 9 passes) auraient pu s'inviter au club. Clyde Drexler manquera lui le coche deux fois, en 1986 pour 1 rebond, et en 1996 pour 1 passe non comptée à cause de deux malheureux dribbles du destinataire avant de marquer. Quant à Tim Duncan, il frôle l'exploit lors du match du titre en 2003 pour 2 contres - 2 oublis ? - sur sa ligne de stats géante (21 points, 20 rebonds, 10 passes, 8 contres).

Certes, Thurmond était un rebondeur exceptionnel, mais ce chapitre aurait tout aussi bien pu s'intituler « Une histoire de plusieurs rendez-vous manqués ». Les contres et les interceptions ne sont officiellement comptabilisés que depuis la saison 1973-74. Sinon, il est certain que Wilt Chamberlain, Bill Russell, Jerry West ou Oscar Robertson en auraient compté quelques-uns à leur actif... Des coupures de journaux d'époque nous indiquent ainsi que Wilt en aurait par exemple compilé un lors du Match 6 des finales de la division Ouest de 1970 et avant cela, par deux fois lors des playoffs de 1967, dont un lors du Match 2 des Finals contre... Nate Thurmond. Le jour où il s'est vu décerner son trophée de MVP de la saison régulière, Wilt a ainsi officiellement compilé 10 points, 10 passes et 38 (!) rebonds, et aurait donc contré 10 tirs adverses. ■

L'un des 8 contres de Tim Duncan lors du Match 6 des Finals de 2003.

LE MIRACLE DE RICHFIELD

036

Après l'inhospitalière Cleveland Arena en centre-ville qui accueille les matchs des Cavaliers depuis leur arrivée en NBA en 1970, la franchise déménage pour la saison 1974-75 au Richfield Coliseum, enceinte de 20 000 places dans la ville du même nom à une trentaine de kilomètres au sud de Cleveland. « The Palace on the Prairie » sera le lieu de naissance d'un véritable engouement populaire pour les « Cavs ». Le pivot vétéran Nate Thurmond, né à Akron, dans la banlieue de Cleveland, revient au bercail à la fin novembre 1975 pour un baroud d'honneur. Pas de paillettes ni de noms ronflants dans l'effectif mais une vraie bande de soldats à plus de 10 points de moyenne chacun en saison : les trois Jim (Chones, Cleamons et Brewer), Austin Carr, « Campy » Russell, « Bingo » Smith, Dick Snyder... Une troupe menée par Bill Fitch, qui au cours de sa carrière de 2050 matchs NBA se fera une spécialité d'emmener des équipes d'outsiders en playoffs en l'espace de quelques saisons. Premier bilan positif (49-33) et première apparition en *postseason* pour les Cavs qui se démènent dans une première série on ne peut plus serrée : face aux Washington Bullets, finalistes en 1975, 3 de leurs 4 victoires sont décrochées dans les ultimes secondes.

Le 29 avril 1976, pour le Match 7 ce sont 21 564 spectateurs qui font un boucan à en faire trembler la tablette de Fitch, élu Coach de l'Année. En embuscade à 2 points de retard au début du 4e quart-temps, la foule explose quand Cleamons donne enfin l'avantage aux locaux dans la raquette à moins de 5 minutes de la fin. Un lancer de Brewer, puis un rebond autoritaire de Thurmond aussitôt transformé en passe *touchdown* qui atterrit dans les mains de Snyder à l'autre bout du terrain pour un panier sous le cercle, donnent 4 points d'avance aux locaux à 3 minutes de la fin. Après l'égalisation des Bullets, Snyder, encore lui, prend son propre rebond après un tir raté depuis l'aile gauche et convertit d'un peu plus près. Chenier répond d'un *jumper*. Décidément, l'homme de cette fin de match, Snyder, récupère la balle en sortie de temps mort à 9 secondes de la fin. Encore une fois en partant de l'aile gauche, il déborde Unseld, plus lourd et moins rapide, et enclenche un *layup* qui voit la balle s'envoler au-dessus du bras tendu de Chenier. Il ne reste que 4 secondes et les Bullets cafouillent leur dernière chance. 87-85, le miracle vient d'avoir lieu. Les fans hystériques envahissent le terrain. L'aventure des Cavs en playoffs trouvera un épilogue face aux Celtics en finale de conférence et l'année suivante, les Cavs se feront sortir dès le premier tour par... les Bullets, vainqueurs cette fois-ci lors du troisième et dernier match de la série. ■

037

LE PLUS GRAND MATCH DE TOUS LES TEMPS

Avec les Cavaliers du « Miracle de Richfield », les Suns de Phoenix sont l'autre belle histoire de la saison et des playoffs de 1976. Avec un bilan à peine à l'équilibre (42-40), les Suns accèdent aux playoffs pour la 2e fois seulement depuis la création de la franchise en 1968. Phoenix crée la surprise en se défaisant au Match 7 des finales de la conférence Ouest des Warriors de Rick Barry, champions en titre. Cet incroyable *upset* leur donne le droit d'aller défier lors des Finals les Celtics de Jo Jo White, Dave Cowens et John Havlicek, leaders de la conférence Est aussi bien en saison régulière (54-28, à 8 victoires du 2e) qu'en playoffs. Après avoir remporté leurs deux matchs à domicile, Suns et Celtics se retrouvent au Boston Garden le 4 juin 1976 pour un Match 5 crucial pour la suite de la série.

Tout ce que l'on peut imaginer comme rebondissements dans un match de basket est arrivé dans celui-là. La remontée des Suns, menés 36-18 dès la fin du 1er quart-temps. Des controverses : un chrono mal synchronisé qui s'arrête 2 secondes après la demande de temps mort de Westphal à 5 secondes de la fin du 4e quart-temps, puis un temps mort appelé à 1 seconde de la fin du match par Boston, qui n'en avait plus. Une demande ignorée par un arbitre, ce qui aurait donné un lancer franc potentiellement décisif aux Suns. Le chrono refait des siennes à la toute fin de la 1re prolongation en démarrant quelques secondes après que Havlicek a récupéré la balle. Du suspense : les 19 dernières secondes de la 2e prolongation voient les Suns remonter un déficit de 3 points et passer devant au score, une avance reprise sur un *bank shot* d'Havlicek à 2 secondes du buzzer... qui continue de défiler. De la tension : alors que des fans hystériques des C's, croyant que leur équipe vient de gagner le match, envahissent le terrain, les arbitres redonnent à juste titre la possession et 1 seconde de jeu aux Suns, à la suite de ce énième problème de chrono. De l'émotion : un buzzer beater, avec un tir en se retournant de Gar Heard pour envoyer le match en 3e prolongation, au terme de laquelle les Celtics s'imposent de 2 petits points, 128 à 126. Le Match 6 verra ensuite le 13e couronnement des Celtics.

Les médias américains vont assaisonner cette rencontre d'hyperboles et de surnoms grandiloquents. Ainsi, le shoot égalisateur au buzzer de la 2e prolongation de Gar Heard sera le « Shot Heard Round the World », le tir entendu dans le monde entier. Les hommes de Phoenix sont les « Sunderella Suns », pour l'histoire digne de *Cendrillon* (*Cinderella* en VO) de cette équipe inattendue à ce niveau-là. Et ce Match 5 des Finals de 1976 entre les Celtics et les Suns d'hériter du nom de « Greatest Game Ever Played », un qualificatif loin d'être usurpé. ■

TOP 5 DES FRATRIES EN NBA

1. Dick et Bob Fitzgerald, les pionniers

Comme si la BAA, future NBA, avait décidé sciemment de nous priver de « première fois » pour une saison autre que son année inaugurale, on retrouve la trace de deux frères ayant joué ensemble dans la Ligue dès le match d'ouverture du 1er novembre 1946. Face aux Knicks, chez les Huskies évoluent Richard (Dick, né en 1920) et Robert (Bob, né en 1923) Fitzgerald qui connurent une carrière aussi courte (2 et 3 saisons) que leur marque ce soir-là (6 et 4 points).

2. Dick et Al McGuire, en finales ensemble

Deux purs New-Yorkais, que les frères McGuire, nés à Long Island (Dick) et New York (Al) à deux ans d'intervalle. Knick dès 1949, Dick échoue en finales en 1951 face aux Royals, 4-3. La saison suivante, le frangin Alfred le rejoint chez les Knicks et pour la 1re fois, deux frères disputent ensemble des Finals, celles de 1952, de nouveau perdues 4-3 cette fois-ci face aux Lakers de Mikan. Allie, le fils d'Al, jouera deux petits bouts de match NBA en 1973 pour... les Knicks.

3. Dick et Tom Van Arsdale, si proches et pourtant si loin

Les premiers jumeaux à jouer en NBA sont draftés à la suite en 1965 (Dick en 13, Tom en 14), sont triples All-Star tous les deux (ils s'affrontent aux All-Star Games de 1970 et 1971), finissent leur carrière ensemble à Phoenix, et sont tous deux malchanceux en postseason. Dick est du mauvais côté du « plus grand match de tous les temps » en 1976 (voir par ailleurs). En plus d'être l'un des meilleurs éléments des 76ers de 1972-73 au bilan horrible de 9-73, Tom détient avec 929 rencontres le record peu envieux du plus grand nombre de matchs joués en carrière sans en avoir jamais disputé un seul de playoffs.

4. Bernard et Albert King, lutte fratricide à Gotham

Les carrières de ces deux frères natifs de Brooklyn sont intimement liées à New York City. Bernard fait ses débuts en 1977 chez les New Jersey Nets puis, après des détours chez le Jazz et les Warriors, il revient au bercail chez les Knicks en 1982 avec qui il récolte deux autres sélections All-Star. Albert l'imite en 1981 en se faisant recruter par les Nets chez qui il restera jusqu'en 1987.

5. Wil, Caldwell, Major et Charles Jones, le passage de relais

Entre 1976 et 1998, quatre frères sont acteurs et témoins de plusieurs époques de la NBA. Wil est le premier pro de la bande avec des débuts en ABA en 1969 (champion en 1975) puis deux saisons NBA de 1976 à 1978. Caldwell le suit, avec 1187 matchs NBA de 1976 jusqu'en 1990. Major est un Rocket de 1979 à 1984 puis un Piston pour une ultime saison, le temps de passer le témoin à Charles, NBAer de 1983 à 1998 et qui aura le droit à une bague de champion avec Houston en 1995.

ABA+NBA = TOUJOURS NBA

038

En 1976, la situation de l'ABA est intenable et la fusion avec la NBA est inévitable. En gestation depuis 1970, le projet est finalement entériné le 17 juin 1976. Des deux ligues, la NBA l'emporte et absorbe dans ses rangs quatre équipes ABA sur les six restantes : les Nets de New York (qui déménageront dans le New Jersey après une saison NBA), les Denver Nuggets, les San Antonio Spurs et les Indiana Pacers. Des dédommagements sont proposés aux propriétaires des deux franchises recalées. John Y. Brown, des Kentucky Colonels, reçoit 3 millions de dollars. Les frères Silna (Ozzie et Daniel) demandent quant à eux en échange de la disparition de leurs Spirits Of Saint-Louis 2,2 millions de dollars ainsi qu'un septième des revenus TV des quatre franchises ABA ayant rejoint la NBA, et ce à perpétuité. Un choix étonnant à l'époque mais qui fera la fortune des frères Silna.

La NBA a peut-être gagné la bataille des ligues, mais l'apport de l'ABA à la cause du basket est essentiel, voire vital sur le plan professionnel. En avance sur la NBA, elle a ainsi tenu le compte des balles perdues depuis 1967, des contres depuis 1971 et des interceptions depuis 1972. Elle a popularisé le tir à trois points, le dunk et son concours, aidant à l'émergence d'un style de jeu plus rapide et plus spectaculaire. Suite au procès qui a opposé Spencer Haywood à la NBA (d'abord signé après deux ans de fac en ABA chez les Denver Rockets puis en NBA chez les Sonics), l'ABA a indirectement aidé à la signature de joueurs n'ayant pas fini leur cursus universitaire. Elle s'est aussi montrée généralement plus généreuse que la NBA sur les salaires. L'une des conséquences des multiples tentatives de rapprochement avortées a donné naissance à la *free agency*, permettant aux joueurs de signer un contrat avec une nouvelle franchise. La NBA va intégrer et digérer tout cela dès la saison 1976-77, à commencer par les plus grandes stars de l'ABA : Julius Irving, Artis Gilmore, George Gervin, Moses Malone, pour n'en citer que quelques-unes.

Erving, l'un des symboles de l'ABA, a toujours été au centre de la rivalité entre les deux ligues. Dès 1972, désireux de quitter les Virginia Squires en ABA, Dr. J rejoint les Hawks d'Atlanta en NBA à leur camp d'entraînement. Il ira même jusqu'à jouer deux matchs pour eux face à deux autres franchises ABA. Le 23 septembre 1972, il se dépense face aux Kentucky Colonels (28 points et 18 rebonds en 48 minutes) ; le 30 septembre, c'est face aux Carolina Cougars qu'il s'amuse (32 points). La justice l'oblige ensuite à revenir honorer son contrat en ABA. Le 18 octobre 1975, sous le maillot des Nets de l'ABA, Julius Irving se fend de 33 points et d'un *jump shot* au buzzer pour la victoire des siens face aux Knicks au Madison Square Garden. L'un des derniers matchs « amicaux » entre les deux ligues voit alors les prémices d'une future rivalité en NBA.. ■

039

LE (NOUVEAU) TROPHÉE DES (NOUVEAUX) CHAMPIONS

Un pied octogonal orné de petites plaques gravées aux noms des différents champions soutenant une coupe aux rebords festonnés et ornés de visages d'anges. Voilà à quoi ressemblait à peu près le NBA Finals Trophy, décerné aux champions NBA de 1949 à 1976. Sans aucun lien visuel avec le basket, ce *bowl* massif en argent on ne peut plus classique ne se démarque pas de celui attribué en ABA ou de la partie supérieure de la Stanley Cup de la NHL.

Une nouvelle mouture est présentée par la NBA en 1977. Signé Tiffany & Co., le nouveau trophée présente un ballon de basket taille standard au-dessus d'un arceau et d'un filet stylisés, le tout sur un socle carré. Ses 7 kilos d'argent sterling et de vermeil avec une superposition de 24 carats d'or pour 61 centimètres sont soulevés pour la première fois par Bill Walton et les Trail Blazers, champions en 1977 face aux 76ers d'un Julius Erving dans sa première saison de NBAer. Et cette fois-ci, les Blazers auront droit de le garder pour toujours dans leur vitrine à trophées, car un autre exemplaire sera fabriqué pour le champion 1978. Avant cela, le *bowl* passait de main de champion en main de champion.

Le nouveau trophée inauguré en 1977 porte dans un premier temps le même nom que son prédécesseur en argent. Décédé en 1964, le fondateur et premier propriétaire des Boston Celtics, Walter E. Brown, donne son nom au trophée des champions NBA de 1964 jusqu'à 1984, quand il est rebaptisé du nom de Larry O'Brien, *commissioner* de la NBA de 1975 à 1984. Les 76ers, qui avaient échoué à soulever le premier trophée nouvelle mouture en 1977, sont donc les derniers à recevoir le Walter E. Brown Trophy en 1983. Et comme un symbole (un de plus), alors que les Celtics avaient été les derniers à soulever l'ancien Walter E. Brown Trophy (dans sa version bol en argent) en 1976, ils seront les premiers à s'emparer du nouveau nommé Larry O'Brien Trophy en 1984. ■

040

THE PUNCH, SYMBOLE D'UNE NBA À LA DÉRIVE

Le 9 décembre 1977, Rockets et Lakers se retrouvent au Forum pour leur première confrontation de la saison. Au début de la 2e mi-temps, Kevin Kunnert des Rockets et Kermit Washington bataillent au rebond, Abdul-Jabbar s'en mêle et les esprits s'échauffent. Washington vient défendre son pivot star et Kunnert est le premier à recevoir un coup de poing de sa part. L'ailier des Rockets Rudy Tomjanovich se précipite sur les lieux de la bagarre pour séparer les protagonistes. Persuadé que ce dernier vient s'ajouter à la mêlée, Kermit Washington pivote et décoche une puissante droite sur le côté gauche du visage de Tomjanovich. Envoyé au tapis, le quadruple All-Star des Rockets chute lourdement et se cogne violemment la tête contre le parquet. Une mare de sang s'étend rapidement autour de sa tête. Tomjanovich avouera plus tard qu'il a d'abord cru que le tableau d'affichage lui était tombé sur la tête. L'ailier réussit à se relever pour se rendre au vestiaire avant d'être examiné, et le verdict tombe peu après son arrivée à l'hôpital : nez cassé, mâchoire fracturée, et surtout, commotion cérébrale et une structure osseuse du crâne à reconstituer.

Un malentendu qui va coûter cher, que ce soit sur le plan physique ou émotionnel. La NBA inflige à Washington une amende 10 000 dollars d'amende et 60 jours de suspension. L'incident va lui coller à la peau tout au long de sa vie. Envoyé chez les ennemis jurés Celtics lors de sa suspension, il sera tout de même All-Star avec Portland en 1980 et sélectionné dans le 2e meilleur cinq défensif de la saison en 1980 et 1981. Tomjanovich devra lui emprunter un chemin plus douloureux pour retrouver les parquets. Après une convalescence de 5 mois, il reprend le basket dès la saison suivante, en 1978, et bouclera brillamment ce retour avec 19 points et 7,7 rebonds de moyenne et une 5e sélection All-Star à la clé. Les deux hommes auront l'occasion d'échanger et Tomjanovich de pardonner à Washington, mais la guérison émotionnelle sera longue et difficile pour « Rudy T ».
« The Punch » est le symbole malgré lui d'une période sombre pour la NBA, ravagée par des problèmes de (sur) consommation de drogues dans ses rangs et handicapée par un manque de reconnaissance criant. Les mêlées impliquant des joueurs, voire les deux bancs, étaient monnaie courante dans les années 1970. La scène tourne en boucle à la télé et le *New York Times* donne au coup de poing spectaculaire un qualificatif qui l'est tout autant : « The Punch Heard Round The NBA ». Une des conséquences directes sera la mise en place par la NBA dès la saison suivante, en 1978, de trois arbitres sur le terrain, un test qui sera définitivement validé en 1988. ■

INTO THE WILD

041

Alors que les Nets font leurs valises en ce début de saison 1977-78 pour Piscataway dans le New Jersey en attendant l'achèvement de la construction de leur salle, les propriétaires des équipes NBA décident de faire des coupes dans leurs *rosters*, qui se voient réduits à 11 joueurs dès la mi-novembre. Une décision sportive, avec la raison avancée de faire grandir leurs plus jeunes joueurs, mais qui en réalité a été mise en place pour réduire les coûts, avec une économie de 60 000 à 70 000 dollars par joueur en moins. Pendant ces années 1970 compliquées, la NBA cherche autant à survivre économiquement qu'à se développer, si possible à moindres frais. Délaissée par les médias, la NBA a jusque-là toujours vécu en marge des autres sports US majeurs. Depuis ses débuts, les équipes de la Ligue se sont produites dans des recoins inattendus des États-Unis, pour cause de disponibilité de salles, pour jauger de l'intérêt d'une région pour y implanter de potentielles futures franchises, parfois également pour empiéter sur le territoire des autres ligues concurrentes, notamment la NBL et l'ABA.

Des matchs en terrain neutre qui ont permis à des habitants de petites villes d'avoir la chance de voir jouer des légendes de la NBA pour quelques dollars. Ainsi, en janvier 1952, Negaunee, dans le Michigan, 6 500 habitants, accueille les Hawks face aux Bullets. Le 4 janvier 1954, les Celtics de Cousy se déplacent à Amherst, Massachusetts (11 000 habitants), et un mois plus tard, les Lakers de Mikan résistent aux 41 points de Neil Johnston des Warriors à Spencer, une bourgade de 7 500 habitants dans l'Iowa. En décembre de la même année, 76ers et Pistons s'affrontent à Huntingburg, dans l'Indiana, une ville d'à peine 4 000 âmes. Le 14 mars 1964, Walt Bellamy score 31 points et prend 15 rebonds pour les Bullets face aux 76ers à Yardley, Pennsylvanie, un patelin d'à peine 2 500 habitants, lors d'un match qui attire près de 3 000 personnes, soit plus que la population totale de la ville hôte !

Un exemple criant de cette NBA en marge reste les Matchs 2 et 3 des Finals de 1975. Un conflit de calendrier avec les Ice Follies, spectacle sur glace itinérant qui attire habituellement près de 60 000 spectateurs en dix jours à l'Oakland Arena, oblige les Warriors à recevoir les Bullets au Cow Palace de Daly City, leur ancienne maison une grande partie des années 1960. La plus célèbre de ces délocalisations reste bien entendu Hershey, en Pennsylvanie, théâtre du match à 100 points de Wilt Chamberlain (voir par ailleurs). ■

UNE AUTRE BARRIÈRE TOMBE

042

En vue de la saison 1979-80 à venir, il y a du mouvement dans les *rosters*, et celui des Knicks n'échappe pas à des derniers ajustements : Glen Gondrezick et John Rudd sont ainsi coupés deux jours avant le *season opener*. Un mouvement d'effectif comme tant d'autres en ce début de saison et qui aurait pu passer inaperçu, si ce n'était la couleur de peau de ces deux joueurs. Les deux ailiers sont en effet Blancs, les deux seuls des Knicks, ce qui fait de la franchise de New York version 1979-80 le premier effectif dans l'histoire de la NBA à être entièrement composé de joueurs afro-américains, *starters* et banc compris.

Une autre barrière tombe en NBA sur la route de l'intégration en ce début octobre 1979. Après le premier cinq majeur NBA entièrement afro-américain aligné par les Celtics en 1964, après le premier coach NBA afro-américain en la personne de Bill Russell en 1966, encore chez les Celtics, cet effectif des Knicks n'en est que la suite logique. Mais aussi logique cette décision soit-elle, on doit encore se justifier. Car ce qui n'a rien à voir avec un coup de com', mais tout à voir avec l'aspect sportif, comme cela devrait toujours être le cas, fait grincer des dents.

Quinze jours après, le 25 octobre 1979, le *general manager* des Knicks Eddie Donovan s'en défend d'ailleurs dans les colonnes du *New York Times* : « Quand on en est arrivés aux derniers joueurs à couper, Red [Holzman, le coach des Knicks] et moi avons eu le sentiment qu'il fallait que nous gardions les meilleurs joueurs. Si nous avions conservé Gondo et Rudd juste parce qu'ils sont Blancs, nous aurions perdu le respect de nos autres joueurs. [...] Des fans m'ont appelé à propos de notre décision, mais quand je leur ai demandé s'ils auraient voulu que l'on garde Gondo ou Rudd juste pour le symbole, ils m'ont répondu que non, bien évidemment. » Dans ce même article du *New York Times*, on nous rappelle à juste titre que depuis quelques saisons déjà, le seul apport de ces joueurs blancs de l'effectif des Knicks était de chauffer le banc, et que contrairement à Bird, Walton ou Maravich, des joueurs blancs qui attiraient des spectateurs, les fans des Knicks ne payaient pas pour voir jouer ces « benchwarmers ». Et le quotidien new-yorkais de résumer l'essentiel : « The game is bigger than the genes. » Le jeu prime sur les gènes. ■

LA PREMIÈRE FOIS DERRIÈRE L'ARC

043

12 octobre 1979. Pour l'ouverture de cette nouvelle saison, 9 matchs au programme. Les Knicks présentent un effectif entièrement afro-américain, le Jazz joue sa première rencontre pour l'Utah, et la NBA entame un nouveau chapitre de son histoire. À San Diego et Boston précisément. Pour certains les sauveurs d'une ligue en perdition, pour d'autres les annonciateurs d'une nouvelle ère du basket, ce sont deux rookies exceptionnellement prometteurs qui font leurs débuts : Earvin Johnson sous le maillot des Lakers de Los Angeles et Larry Bird sous celui des Celtics de Boston. Alors qu'une décennie compliquée pour la Ligue touche à sa fin, une nouvelle ère d'espoir semble s'ouvrir pour le basket NBA. Au Boston Garden, un fan au premier rang illustre ces attentes en lâchant une colombe à l'arrivée de Bird sur le parquet lors de la présentation des joueurs.
Une autre nouveauté fait son apparition sur les parquets de la Ligue : une ligne en forme d'arc de cercle délimite désormais la zone au-delà de laquelle tout panier réussi rapportera 3 points. Après l'American Basketball League, après l'Eastern Professional Basketball League et surtout, après l'ABA qu'elle a absorbée en 1976, la NBA met enfin ses règles et son équipement à jour, malgré

de nombreuses critiques qui la considèrent comme un simple gadget marketing.

Qui sera le premier à dégainer derrière l'arc ? De sérieux candidats sont en tenue ce soir-là, comme Brian Taylor des Clippers, meilleur pourcentage à trois points de la dernière saison de l'ABA en 1975-76, ou Rick Barry, le shooteur légendaire des Warriors, dans sa dernière saison NBA avec les Rockets. Futur vainqueur des trois premiers concours à trois points de l'histoire de la NBA de 1986 à 1988, avec 53,3 % de réussite aux tirs à la fac, le rookie Larry Bird est le candidat idéal et tout trouvé pour ouvrir le livre de compte du *three-pointer* en NBA.

Bird est bien sur le parquet quand le moment fatidique arrive, mais au poste bas, bien loin de la ligne à trois points. C'est son coéquipier Chris Ford, avec les pieds presque un mètre derrière l'arc, face au cercle mais légèrement sur l'aile droite, qui convertit le premier panier à trois points de l'histoire de la NBA, sur une passe de Tiny Archibald. Ce n'est pas totalement un hasard : Ford compilera sur la saison un 70 sur 164 à trois points pour un joli 42,7 % de réussite, au 2e rang derrière Fred Brown des Sonics et son 44,3 %. Lors de cette soirée historique, Rick Barry, Kevin Grevey des Bullets et Willie Smith des Cavs en plantent chacun un, et la meilleure réussite de la soirée revient aux Suns : Paul Westphal et Don Buse font tous les deux mouche à 2/2 derrière l'arc. Rick Barry se vengera en s'emparant du record de la saison avec un 8/12 de loin face au Jazz le 9 février 1980. ■

Larry Bird tente sa chance de loin en 1981, lors de la 35e saison de la NBA.

044

LA NBA PREND SES AISES AU TEXAS

Comme pour l'Utah et le Jazz, la NBA et le basket ne s'aventurent pas en terrain inconnu au Texas et à Dallas. Les Dallas Chaparrals étaient l'une des franchises présentes à la fondation de l'ABA en 1967 jusqu'en 1973, année de son déménagement à San Antonio pour devenir les Spurs, puis en 1971, ce sont les Rockets de San Diego qui s'installent dans le Lone Star State, à Houston.

Le 1er mai 1980, après plus de deux ans de demandes infructueuses, la NBA valide le dossier présenté par Don Carter et Norm Sonju, ancien président et *general manager* des Buffalo Braves de 1976 à 1978, et qui avait déjà essayé de faire déménager les futurs Clippers à Dallas. Le premier match de leur histoire, les Mavs le disputent face aux Spurs. Victoire surprise de Dallas pour la première édition du derby texan mais qui ne sera pas synonyme d'une saison couronnée de succès (15 victoires pour 67 défaites). De là, leur bilan ne cessera de s'améliorer jusqu'en 1988, surtout grâce à la draft de Mark Aguirre (3 fois All-Star), Rolando Blackman (4 fois) et Jay Vincent.

En 1984, pour leur première apparition en playoffs face aux SuperSonics, la série se décide dans le dernier match possible mais comme personne n'attendait les Mavs à ce niveau-là de la compétition, ceux-ci sont obligés de trouver une autre salle, leur Reunion Arena habituelle étant déjà réservée pour un tournoi de tennis. Les Mavericks atterrissent au Moody Coliseum de l'université Southern Methodist, où une ligne à trois-points doit être peinte en urgence. Les Mavs créent la surprise en l'emportant d'un petit point en prolongation. Mais que ce fut tendu : encore une fois, un chrono capricieux s'en est mêlé, ne se déclenchant pas à la dernière tentative de tir de Tom Chambers côté Sonics. Après un quart d'heure de réflexion, les arbitres rappellent tout le monde pour rejouer l'action. Et les Sonics d'échouer à nouveau. Sortis logiquement par les Lakers au 2e tour, ce premier exploit, la « Moody Madness », est fondateur pour les Mavs. En 1988, pour leur 5e qualification d'affilée en playoffs, Dallas monte jusqu'aux finales de conférence face aux Lakers, allant même jusqu'à forcer un Match 7 à Magic, Kareem & Co., contre lesquels ils s'inclineront. Après une élimination au premier tour en 1990, une longue traversée du désert sans *postseason* attend les Mavs, qui n'en sortiront qu'en 2001, grâce notamment à l'émergence de celui qui deviendra la figure de la 3e franchise du Texas : Dirk Nowitzki, champion en 2011. ■

LE TOUR DE MAGIC

045

Après l'entorse de Kareem Abdul-Jabbar au Match 5, les chances des Lakers semblent minces pour le Match 6 des Finals de 1980 face aux 76ers de Julius Erving, Maurice Cheeks et Darryl Dawkins. Les Lakers auraient dû s'en douter : leur rookie prodige et lumineux Magic Johnson veut et peut s'occuper de tout, comme il l'annonce, plein d'assurance, à son coach et ses coéquipiers avant le match qui se jouera en terrain hostile, à Philadelphie.

Et le 1er choix de la draft 1979 de tenir parole et de porter son équipe en tournant à toutes les positions. Ce 16 mai 1980, il joue l'entre-deux au poste de pivot à la place de Kareem mais laisse la tâche défensive à ce poste à ses coéquipiers plus grands et plus robustes, Jim Chones et Mark Landsberger. Magic passe ensuite par toutes les positions tout au long du match mais on le retrouve plus souvent dans son activité de prédilection : parfois au poste, certes, mais surtout en remontée de balle, en contre-attaque, en pénétration, à la distribution, à la réception... Une omniprésence dont témoigne sa feuille de match : 42 points, 15 rebonds, 7 passes, 3 interceptions, 1 contre, à près de 61 % aux tirs et 14/14 aux lancers. Et ce en 47 minutes, le plus gros total du match ! Heureusement pour lui, ses coéquipiers ont répondu présents, notamment Jamaal Wilkes, qui n'a pas regardé le rookie sans rien faire (37 points dont 25 en 2e mi-temps). Les Lakers sont de retour au sommet de la NBA, et Magic Johnson est élu MVP des Finals, à ce jour la seule et unique fois qu'un rookie a eu droit à cet honneur. Le plus jeune de l'Histoire également, à l'âge de 20 ans et 276 jours.

Pour le plaisir, une autre preuve de la versatilité de Magic, de son aise dans tous les compartiments du jeu et de son sang-froid dans les matchs cruciaux est à déguster lors du Match 4 des Finals de 1987 contre les Celtics. Dans les ultimes secondes du match, il déroule un bras roulé, le « junior skyhook » que n'aurait pas renié son illustre aîné, Kareem Abdul-Jabbar pour l'emporter au Boston Garden. Il décrochera deux matchs plus tard son 4e titre NBA et son 3e trophée de MVP Finals. ■

BONNE FÊTE, MAMAN

046

Après des finales de conférence Est de 1981 épiques et décidées en 7 matchs, Celtics et 76ers se retrouvent au même stade des playoffs en 1982. Cette fois-ci, la bande à Julius Erving espère bien que l'issue sera différente pour eux : la saison précédente, Bird et les Celtics avaient prévalu et s'étaient imposés d'un point dans ce dernier match pour ensuite aller remporter le titre face aux Rockets. Heureusement pour les hommes de Philly, le résultat du premier match de ces finales de conférence de 1982 ne sera pas à l'image de la série. Car en ce 9 mai 1982, jour de fête des Mères aux États-Unis, va avoir lieu un véritable massacre sportif sur le parquet du Boston Garden.

Avec déjà 17 points d'avance à la mi-temps, les C's n'ont pas baissé en intensité au retour des vestiaires. 32,3 % de réussite aux tirs, 20 balles perdues (dont 6 rien que pour Erving), un meilleur marqueur à 15 points seulement (Toney), Dr. J tenu à 12 points... Les Celtics ont dominé leurs adversaires de la tête et des épaules. À eux deux, Bird et Parish ont marqué plus de points (48) et pris plus de rebonds (29) que l'ensemble du cinq majeur de Philly (46 points et 17 rebonds). Bird ajoute même

4 interceptions à un solide triple-double : 24 points, 15 rebonds, 10 passes, soit à peine 3 de moins que le total d'assists des 76ers !

Le « Mother's Day Massacre » s'achève sur un résultat sans appel de 121 à 81. Quarante points d'écart pour ouvrir une série, l'idéal pour engranger de la confiance – ou la saborder, au choix : « C'est le genre de match que Bill [Fitch, le coach des Celtics] aimerait enfermer pour toujours dans une bouteille, a déclaré après la rencontre Billy Cunningham, le coach des 76ers. Nous, cette bouteille, on voudrait juste la balancer. » Les 76ers ne s'appesantissent pas sur ce match à sens unique et remportent les trois matchs suivants. À 3-1, les Celtics sont au pied du mur et remontent la pente tels les champions en titre qu'ils sont pour un Match 7 décisif au Boston Garden. La bouteille est bel et bien jetée au recyclage du côté des 76ers qui se qualifient pour les Finals sur le score de 120 à 106. Égalité dans ces finales de conférence Est dantesques décidées en 7 matchs en 1981 et 1982 entre Boston et Philadelphie. ■

TOP 5 DES TRANSFERTS INVRAISEMBLABLES

1. En échange de conseils

All-Star, meilleur intercepteur et passeur de la saison en 1976-77, Don Buse intéresse encore des franchises en 1983, notamment les Blazers, en manque d'un meneur expérimenté. Les Pacers envoient donc Buse à Portland en échange de deux semaines (qui n'en sera finalement qu'une) de consulting de leur vice-président Jon Spoelstra (père du coach du Heat Erik Spoelstra), génie du marketing et conseiller renommé qui aidera la franchise à trouver un nouveau propriétaire.

2. En échange de matchs de présaison

Originaire de South Jordan dans l'Utah, l'ailier Fred Roberts est envoyé à contrecœur par le Jazz chez les Celtics en septembre 1986 contre un troisième tour de draft en 1987 et la promesse des champions en titre de venir jouer deux matchs de présaison dans l'Utah. Le retour au pays du natif de l'Utah avec le maillot vert, censé attirer les foules, n'aura finalement même pas lieu et sera déplacé à Cincinnati.

3. Contre de l'argent pour les Summer Leagues et une photocopieuse

Drafté en 2003 à la 51e place par les New Jersey Nets, Kyle Korver n'a pas encore commencé sa carrière de shooteur d'élite qui le verra finir à la 5e place du classement all-time des tireurs à trois points qu'il est déjà transféré chez les 76ers. La somme de 125 000 dollars de son transfert servira aux 76ers pour payer les frais de leur apparition aux Summer Leagues, et avec le reste, une nouvelle photocopieuse. On espère qu'elle a pu imprimer des beaux programmes d'avant-match quand les 76ers sont venus en ville la saison suivante...

4. Transféré cinq fois en une saison

La vie de *journeyman* n'est jamais facile... Toujours en mouvement, jamais posé, il faut savoir s'adapter et faire ses preuves à la vitesse grand V dans chaque nouvelle franchise pour espérer décrocher un contrat longue durée. En 2007-08, l'ailier Bobby Jones, alors dans sa deuxième saison NBA après une année rookie chez les 76ers, a connu pas moins de cinq franchises différentes en une seule saison. D'abord 23 matchs avec Denver, puis à partir de la mi-janvier : 9 avec Memphis, 4 avec Houston, 6 avec Miami, 3 avec les Spurs, et retour à la case départ à Denver pour 2 matchs. Six équipes en deux saisons, beau ratio.

5. Transféré quatre fois en six jours

Le sort de la majorité des joueurs NBA n'est pas dans leurs mains, c'est une dure réalité que l'arrière du Magic Luke Ridnour a subie lors de l'intersaison en 2015. Après avoir paraphé un contrat de 2 ans avec Orlando en juin 2014, il est envoyé le 25 juin 2015 chez les Memphis Grizzlies. Le même jour, Memphis échange son contrat avec celui de Matt Barnes des Charlotte Hornets. Toujours le 25 juin, les Hornets l'envoient à Oklahoma City. Le 30, le Thunder l'envoie chez les Raptors, qui le coupent le 9 juillet. Réalité d'autant plus cruelle pour Luke Ridnour car il ne rejouera plus en NBA après cette dernière péripétie contractuelle.

047

AVERSE DE POINTS DANS LE COLORADO

Les Nuggets de Denver bouclent en 1981-82 la saison offensive la plus prolifique pour un collectif NBA à ce jour avec 126,48 points de moyenne par match. Une saison complète sans un seul match à moins de 100 points, un roster avec 3 joueurs à plus de 20 points de moyenne, Alex English (25,4), Dan Issel (22,9) et Kiki Vandeweghe (21,5)… Une telle dépense en attaque ne se traduit pas forcément par des victoires, avec un bilan bien mais pas top : 46-36 et une élimination sans gloire au premier tour des playoffs. Marquer des points c'est bien, mais il faut en garder un peu sous le pied pour revenir en défense. Avec 126 points encaissés en moyenne par match, les Nuggets présentent en même temps la pire défense de la Ligue en 1981-82, et de loin, et le deuxième plus haut total de l'Histoire, derrière… les Nuggets de 1990-91.

En 1982-83, les joueurs de coach Doug Moe sont à peu près sur les mêmes bases : 45-37, élimination 4-1 au second tour, toujours aussi prolifiques en attaque (123,2 points par match, 1ers de la NBA) et permissifs en défense (122,6 points concédés, toujours 1ers). Mais avec des bilans positifs et des qualifications en *postseason*, que demande le peuple ? 1983-84, le trio de scoreurs est encore là, on reprend la marche en avant (mais pas celle en arrière en défense) avec des scores fleuves, dont le match historique du 13 décembre 1983. Face aux Pistons, il sera inscrit ce soir-là lors d'un match en triple prolongation le plus grand nombre de points par deux équipes, avec une victoire 186 à 184 pour Detroit.

Avec un tel cumul de points, on a forcément eu droit à un pilonnage en règle derrière l'arc ? Loin de là : 1/2 à trois points de chaque côté. Sur trois prolongations, ça a dû quand même arroser un peu, avec la fatigue ? Même pas : les deux équipes shootent bien au-dessus des 50 % de réussite (54,4 % pour les Pistons et 59,1 % pour les Nuggets). Des visites à répétition sur la ligne des lancers alors ? Là, un peu plus, oui : 37/60 pour Detroit, 47/57 pour Denver. Les feuilles de match sont bien remplies et les records s'accumulent. Celui du plus grand nombre de points accordés à l'adversaire pour les Nuggets, suivis (c'est logique) par les Pistons. Des records personnels aux points pour Isiah Thomas des Pistons (47 points) ou Kiki Vandeweghe (51 points). De chaque côté, deux coéquipiers ont inscrit plus de 40 points : 47 pour Thomas et 41 pour John Long ; 51 pour Vandeweghe et 47 pour Alex English.

Post-scriptum : en 1990, les Nuggets concéderont 173 points aux Suns, soit le plus grand total de points marqués par l'adversaire, sans prolongation, à égalité avec les Celtics de 1959. ■

VIVA LAS VEGAS

048

Quand bien même le Nevada n'accueille pas (encore) de franchise NBA, la Ligue a quelques souvenirs à partager avec Las Vegas. Elle y fait un détour pour la première fois en 1965 pour un show californien : un match de saison régulière du 20 novembre entre les San Francisco Warriors et les Los Angeles Lakers, avec un beau numéro en attaque de Jerry West (34 points) et une démonstration de force de Nate Thurmond (20 points, 21 rebonds). La NBA attendra presque vingt ans avant de refaire un crochet à Las Vegas. En difficulté de trésorerie et toujours sans aucune apparition en playoffs depuis la création de la franchise en 1974 à La Nouvelle-Orléans, le Jazz joue des rencontres de présaison et onze de ses matchs « à domicile » de la saison 1983-84 sous le toit flambant neuf du Thomas & Mack Center de l'université du Nevada à Las Vegas (UNLV) dans l'espoir d'attirer dans son giron de nouveaux fans. Le Jazz réitère l'expérience pour seulement deux matchs la saison suivante. On imagine sans mal que l'expérience a été appréciée des joueurs, qui séjournaient alors au Dunes Hotel, l'actuel Bellagio sur le Strip de Las Vegas, et qui d'après le pivot du Jazz Mark Eaton, « n'était pas ce qui était le mieux pour la santé et le bien-être de l'équipe ». Le bilan sportif à Sin City est mitigé (7 victoires pour 6 défaites), mais la pénurie d'apparitions en playoffs touche à sa fin en 1984, avec le début d'une série de 20 qualifications d'affilée. Et l'Histoire de la NBA aura même le temps de s'y écrire : le 5 avril 1984, le Jazz affronte les Lakers à Vegas et ce jour-là, le record de points marqués en carrière de Chamberlain tombe, battu par Abdul-Jabbar sur un *sky hook* ligne de fond par-dessus le *serial blocker* Mark Eaton.

Il faudra attendre une autre vingtaine d'années avant de revoir un logo NBA dans le Nevada. En 2001, Las Vegas fait partie des candidats pour récupérer les Grizzlies, sans succès. À partir de l'été 2004, les Summer Leagues de Las Vegas connaissent leur première édition. Ce sont d'abord six équipes qui s'affrontent puis, petit à petit, grâce au succès exponentiel de ce mini-tournoi de préparation, toutes les franchises de la Ligue se sont invitées à chaque intersaison dans le Nevada. En 2007, le All-Star Weekend y est organisé ; pour la première fois, la NBA délocalise sa fête du basket sur le campus d'une fac. Un temps envisagé pour clôturer la saison 2019-20 à huis clos, le dossier Las Vegas ne sera finalement pas retenu face à celui d'Orlando, son « rival » pour l'organisation de Summer Leagues avec l'Utah. En attendant une franchise NBA, Las Vegas est le foyer depuis 2018 des Aces en WNBA. ■

049

LE TON ET LA TEMPÉRATURE MONTENT ENTRE CELTICS ET LAKERS

En 1984, les Lakers et les Celtics, symboles de la NBA des années 1980, se rencontrent enfin en Finals. La rivalité déjà culte se joue sur le plus prestigieux plateau qui soit, et le déroulement de la série entre les deux meilleurs bilans de la saison ne va pas décevoir. Après avoir remporté et perdu un match à Boston, les Lakers se donnent de l'air en s'imposant largement à domicile lors du Match 3. L'écart est conséquent (33 points) et Magic Johnson en profite pour passer un record de passes décisives pour un match des Finals (21) toujours invaincu à ce jour. Avec cette grosse victoire morale et sportive en poche et encore un match au Forum d'Inglewood avant de retourner au Boston Garden, les Lakers semblent avoir pris un avantage dans la série.

Le Match 4 des Finals va marquer un tournant dans la série et surtout, dans les relations entre les deux équipes. Au milieu du 3e quart-temps, avec 6 points d'avance, les Lakers lancent une contre-attaque typique du « L.A. Showtime » : rebond de Kareem, passe *touchdown* jusqu'à Worthy qui renvoie à Rambis pour un layup a priori facile. Sauf que le Meilleur 6e Homme de l'Année, Kevin McHale, lance son bras gauche sur la gorge d'un Rambis en plein vol pour le plaquer au sol. Un coup de la corde à linge en bonne et due forme pour faire signifier aux Lakers que cela ne va pas être si facile. Pas d'éjection ni d'amende pour McHale et sa *clothesline*, juste deux lancers à suivre pour Rambis. La *flagrant foul* n'ayant été mise en place par la NBA qu'en 1990, McHale a pu rester en jeu sans être plus inquiété que ça. Un geste aussi dangereux soit-il qui a pourtant poussé les Celtics à se dépasser et à relever la tête pour remporter ce Match 4 en prolongation.

Le Match 5 va également être une épreuve de force sur le plan physique pour les Lakers, qui arrivent dans un Boston Garden où règne une chaleur suffocante. Le « Heat Game » va se jouer par 36 degrés, sans climatisation, dans une ville de Boston terrassée par une vague de chaleur. Masques à oxygène, ventilateurs, tout est bon pour respirer un peu dans ce sauna qui semble affecter tous les joueurs sauf Bird, auteur de 34 points à 15/20 aux tirs, plus 17 rebonds, en 42 minutes pour la victoire des siens. La suite de la série sera tout aussi tendue sur et en dehors du terrain, avec un jet de verre d'un fan des Lakers sur M.L. Carr de Boston à l'issue du Match 6 (victoire des Lakers à L.A.), et une température à peine moins élevée à Boston pour le Match 7, pour la victoire des Celtics à Boston, apothéose d'une série mythique d'une rivalité sportive qui l'est tout autant. ■

LE PLAFOND SALARIAL

050

Alors que la situation de la NBA semble un peu plus rose que dix ans auparavant, il est temps en 1984 pour la Ligue de se projeter, et pour survivre, il va falloir faire des choix. Les livres de comptes sont formels : seulement 7 franchises sur 23 ont bouclé l'exercice précédent dans le vert. La NBA a perdu entre 15 et 20 millions de dollars. Certains petits marchés sont à deux doigts de fermer, comme le Jazz, les Pacers, les Cavaliers ou les Clippers. Niveau rémunération, certaines franchises sont à la traîne, comme les Bullets (167 000 dollars de salaire annuel moyen) ou les Pacers (100 000 dollars) quand d'autres ont les poches plus profondes, comme les 76ers, avec une rémunération moyenne à 400 000 dollars la saison. Pour éviter d'en arriver là et tenter de remettre un peu plus d'équilibre dans les rapports entre les franchises, un plafond salarial est donc mis en place en NBA à partir de la saison 1984-85.

La NBA est la première ligue sportive professionnelle avec un « *salary cap* », cette masse salariale maximale autorisée par équipe qui a pour but de ne pas laisser les petits marchés sur le bord de la route tandis que les bolides de la Ligue filent vers le succès populaire et commercial. Il est de 3,6 millions de dollars pour cette saison 1984-85, et pour être sûr que les joueurs en profitent, les franchises ont l'obligation de dépenser 90 % de ce plafond salarial chaque année. Celui-ci étant indexé sur les revenus d'une Ligue de plus en plus populaire, ce plafond n'a cessé d'augmenter pour dépasser les 112 millions de dollars par équipe en 2021-22, augmentant du même coup le salaire minimum d'un joueur NBA quasiment tous les ans. Un effort collectif : les joueurs ont donné leur accord pour poser un plafond à leur rémunération, et les propriétaires pour inscrire noir sur blanc le partage des revenus dans le nouvel accord collectif. L'effet est immédiat sur les comptes en banque des joueurs : d'un salaire annuel moyen de 246 000 dollars et minimum de 40 000 dollars en 1983-84, on passe à une rémunération moyenne de 300 000 dollars la saison et minimum de 65 000 dollars en 1984-85. Et aucune franchise n'a été obligée de fermer boutique, au contraire. ■

SACRAMENTO, TERMINUS

051

De la côte Est à la côte Ouest, les Royals-Kings ont traversé le pays et l'histoire de la Ligue. Avec des origines remontant à 1948 en BAA (et même avant en ligue semi-pro), les Royals opèrent depuis la ville de Rochester, dans l'État de New York. Auréolés d'un titre de champion en 1951, la franchise souffre dans ce « petit » marché de 300 000 habitants et décide de déménager en 1957 pour Cincinnati, dans l'Ohio, et son demi-million d'habitants, parmi lesquels elle compte bien recruter quelques cohortes de nouveaux fans. C'est le début pour les Royals de la marche vers l'Ouest où, dans l'imaginaire américain, l'herbe est forcément plus verte et le succès et la réussite vous attendent. Cette première étape à plus de 800 kilomètres au sud-ouest de son berceau dure jusqu'en 1972 et voit l'arrivée d'Oscar Robertson en 1960. Pendant dix saisons et autant de sélections All-Star, Mr Triple-Double est le visage de la franchise et l'un des joueurs phares de la Ligue. Ce succès ne se reflète pas forcément sur l'équipe, qui compile sur la décennie de Big O avec les Royals six participations en playoffs, sans jamais dépasser l'équivalent des finales de conférences actuelles.

En 1972, les Royals quittent la « Queen City » pour s'installer officiellement à Kansas City, dans le Missouri, à plus de 950 kilomètres à l'ouest. Dans les faits, Kansas City et Omaha, Nebraska, à plus de 300 kilomètres au nord, se partagent les Kings. Cette nouvelle étape ressemble à un nouveau départ pour les Royals qui opèrent un changement d'état civil pour prendre le nom de Kings. En réalité, le but est d'éviter tout conflit avec l'équipe de baseball du même nom installée à Kansas City depuis 1969. Le succès n'est toujours pas au rendez-vous avec seulement 5 qualifications en playoffs en 13 saisons, et ce malgré l'explosion de Nate « Tiny » Archibald, drafté en 1970 et qui a repris le flambeau de Robertson en tant que *franchise player* et All-Star local.

En 1975, Omaha est éjecté de la famille royale et Kansas City règne seul. Une fréquentation en berne, une concurrence trop rude d'un point de vue marketing face aux Chiefs en NFL et aux Royals en MLB et d'un point de vue ferveur populaire face aux Jayhawks de l'université du Kansas : tout cela a raison du bail des Kings à Kansas City. En 1985, la franchise déménage pour prendre ses quartiers dans la capitale de la Californie, Sacramento, à plus de 2 700 kilomètres à l'ouest. Plus loin, c'est le Pacifique, mais à Sactown, pas de NFL ni de MLB, juste le soleil et des fans loyaux. ■

ÊTRE ROOKIE, TOUT UN PROGRAMME

052

La tentation est grande pour quiconque se verrait verser un salaire de plusieurs dizaines, voire centaines, de milliers de dollars du jour au lendemain, à la sortie de ses études. Les rookies de la NBA ne font pas exception et pour éviter tout incident prématuré, la NBA met en place en 1986, sous l'impulsion de l'ancien Celtic Tom « Satch » Sanders, le « Rookie Transition Program », un accompagnement officiel de ses jeunes recrues. Encore une première dans l'un des quatre sports majeurs nord-américains à mettre au profit de la NBA. Ce stage obligatoire de plusieurs jours organisé pendant l'intersaison est autant une séance de bienvenue dans la Ligue qu'une mise en garde contre les nombreux pièges dans lesquels peuvent tomber les rookies. Des investissements financiers mal avisés aux mauvaises fréquentations, en passant par les drogues, les MST, les paris, les chantages ou la vie quotidienne et l'image publique d'un sportif professionnel... Les rookies sont des cibles aux portefeuilles désormais bien garnis qui peuvent compter sur l'association des joueurs NBA (la NBPA) et la NBA qui font appel à leurs vétérans, mais aussi à des activistes et des professionnels de la santé pour mettre en garde les nouvelles recrues. ■

053

LA MAIN GAUCHE DE LA MORT

Après la fête des Mères en 1982, Larry Bird décide de célébrer à sa façon la fête des amoureux de 1986. Ce 14 février, jour de la Saint-Valentin, Bird va se permettre une fantaisie au goût amer pour ses adversaires. À déjà 38 victoires pour seulement 8 défaites, les Celtics viennent d'entamer un road trip de 7 matchs sur la côte Ouest avec une défaite à Sacramento rattrapée par une victoire solide à Seattle, avec un triple-double pour Bird (31 points, 15 rebonds, 11 passes). Depuis la défaite en double prolongation le jour de Noël 1985 chez les Knicks, Boston est sur une série impressionnante de 18 victoires pour 2 défaites, dont 13 succès de rang. Bird marche sur l'eau (25,5 points, 10,1 rebonds, 6,5 passes) et semble se diriger vers son 3e trophée de MVP d'affilée, mais il commence à s'ennuyer...

Pour casser un peu la routine (et l'ambiance chez les autres), il annonce avant le match à Portland son intention de shooter de la main gauche ! À moins que ce ne soit pour venger la seule défaite à domicile depuis le début de la saison, concédée à ces mêmes Blazers le 6 décembre 1985. Ou pour faire passer un message aux Lakers, la prochaine étape du road trip... Bird tiendra parole, « au moins sur les trois premiers quarts-temps », selon le *trash talker* en chef. Il fait chauffer sa main gauche en commençant par un contre de gaucher sur Vandeweghe avant d'inscrire son premier panier, de la main gauche donc : un *layup* en mode *teardrop* ligne de fond par-dessus Vandeweghe. Dans les faits, Larry Bird prendra tous ses tirs dans la raquette de la main gauche, soit 20 de ses 47 points, ce qui reste un exploit énorme et un défi ridiculement difficile à relever en soi. Alors rigoler, pimenter le jeu c'est bien, mais attention quand même à ne pas se planter, sinon cela peut vite devenir embarrassant. Bird se charge d'égaliser à 6 secondes du buzzer d'un tir – de la main droite – du coin droit de la tête de la raquette. Le match file en prolongation et les Celtics l'emportent sur le plus petit écart possible, 120 à 119, encore une fois grâce à un tir à mi-distance de Bird en tête de raquette, cette fois-ci à 3 secondes du terme.

Avec un nouveau triple-double (47 points, 11 passes, 14 rebonds en 49 minutes), son 2e en 2 matchs, Larry Legend ira même jusqu'à déclarer après le match : « Je garde ma main droite pour les Lakers. » Contre L.A. deux jours plus tard, les C's l'emportent avec un Bird encore dominant (22 points, 18 rebonds, 7 passes). Et Larry de devenir encore plus « Legend ». ■

HOME SWEET HOME

054

Sortant d'une première défaite en finale face aux Lakers, les Celtics de 1985-86 sont bien décidés à laver cet affront historique. Le double MVP Larry Bird a beau commencer sa saison en frisant le quadruple-double (21 points, 12 rebonds, 10 passes, 8 interceptions) chez les Nets, le premier match de la saison de la reconquête du titre se solde par une défaite en prolongation. Les Celtics ne se laissent pas abattre et enchaînent avec 8 victoires. Après une défaite de 2 points chez les Pacers, 9 nouvelles victoires d'affilée s'ajoutent. Marquant un peu le pas à partir du 6 décembre et une défaite face aux Blazers jusqu'au début janvier (8-6), les Celtics reprennent leur marche en avant et déroulent jusqu'à la fin de saison, avec 41 victoires pour 7 petites défaites (avec un retard moyen de 4 points seulement). Au bout de ce *run* magnifique, 67 victoires pour 15 défaites. Le record de victoires de la franchise (68 en 1972-73) n'est pas battu, mais les Celtics établissent un nouveau record à domicile avec 40 succès pour 1 seule défaite, concédée aux Blazers le 6 décembre 1985. Dans le détail, le bilan est de 37-1 au Boston Garden et de 3-0 à l'Hartford Civic Center, dans le Connecticut, où les Celtics jouent parfois à domicile depuis 1975. La revanche du *season opener* sera prise sur les Nets le 13 avril 1986, quand les Celtics battent le record du meilleur bilan à domicile pour le dernier match de la saison régulière. La domination des locataires du Boston Garden continue en playoffs, avec un fatal 10-0 pour les adversaires des C's, qui reprennent le titre en battant à nouveau les Rockets 4-2, comme en 1981.

Trente ans plus tard, une autre dynastie égalera le record à domicile des Celtics, avec des similarités de calendrier troublantes. Lors de la saison 2015-16, les Spurs entament leur exercice avec une défaite face au Thunder d'Oklahoma City avant de se relever avec une victoire. Ils finissent avec exactement le même bilan de 67 victoires pour 15 défaites, et donc une seule défaite à domicile pour 40 victoires. Un record établi lui aussi sur une revanche de la défaite en ouverture de la saison face au Thunder, cette fois-ci prise par les Spurs. ■

055

PLUS ON EST DE FOUS, MOINS ON RIT

Trois paires d'yeux valent mieux que deux... En réponse à la violence endémique sévissant en NBA et à la suite du coup de poing retentissant de Kermit Washington sur Rudy Tomjanovich en 1977 (voir par ailleurs), la NBA avait décidé de mettre trois arbitres sur le terrain lors de la saison 1978-79. Mais cette expérience n'avait duré qu'une seule saison, car comme souvent avec la NBA des années 1970, le nerf de la guerre, c'est l'argent, et l'ajout d'un troisième arbitre avait été considéré comme étant trop coûteux pour être renouvelé. Les finances décident, et elles ordonnent un retour à deux arbitres par match en 1979-80.

Fin avril 1988, le comité directeur de la Ligue est réuni pour prendre des décisions sur la saison à venir et approuve avec une grosse majorité la recommandation du « *Competition Committee* », composé de coachs, de *general managers* et de cadres de la NBA, d'ajouter un troisième arbitre pour surveiller le jeu qui devient de plus en plus rapide et athlétique. La NBA veut passer pour une ligue respectable et professionnelle, un troisième shérif ne sera donc pas de trop pour surveiller ces grands gaillards à la mèche courte et aux muscles saillants. À partir de la saison 1988-89, la patrouille s'agrandit donc à nouveau en recrutant un troisième homme en gris et noir, avec un coût supplémentaire attendu de près d'un million de dollars et des recrues piochées dans le programme de développement de la NBA avec la Continental Basketball Association et dans le système universitaire. ■

FLORIDE ET CAROLINE DU NORD : À L'EST, DU NOUVEAU

056

À Charlotte, en Caroline du Nord, la NBA n'a pas de soucis à se faire. Sur cette terre de basket universitaire en puissance, bercée par les mythiques Blue Devils de Duke et Tar Heels de Caroline du Nord, la balle orange y trouve un cocon accueillant, en plus d'avoir été le berceau de la star montante Michael Jordan. L'État a même accueilli les Carolina Cougars de l'ABA entre 1969 et 1974. Et pourtant, les instances de la Ligue vont prendre près de deux ans pour se décider à octroyer à Charlotte une franchise d'expansion. Le dossier est validé en 1987 grâce notamment à un atout de poids avancé par le futur propriétaire George Shinn : le Charlotte Coliseum, une enceinte flambant neuve à la pointe de la modernité de près de 24 000 places. Démolie en 2007, cette arena reste à ce jour celle ayant la plus grande capacité d'accueil en configuration basket. La franchise se choisit « Hornets » comme nom, rappel historique de la résistance exercée par les habitants de la ville aux Britanniques qui, à la suite de la bataille de Charlotte en 1780, l'avaient qualifiée de véritable « nid de frelons (hornet en anglais) de la rébellion ». Le 4 novembre 1988, les

TOP 5 DES RECORDMEN IMPROBABLES

1. William Bedford, l'unique

Le pivot des Pistons William Bedford détient deux records des plus étranges. Le 19 février 1988, à Milwaukee, en 15 minutes pile de jeu, il compile un officieux « septuple-simple », soit une unité dans toutes les catégories statistiques : 1 point, 1 rebond, 1 passe, 1 interception, 1 contre, 1 balle perdue et 1 faute. Ce même William Bedford arrive même à claquer un 3/3 à trois points le 6 novembre 1989 contre Seattle. Avec une seule minute passée sur le parquet ce soir-là, ces 9 points sont le record du plus grand nombre de points marqués par un joueur n'ayant joué qu'une seule minute sur tout le match.

2. Tony Snell, de zéro à héros

Zéro pointé pour l'arrière des Bucks le 24 février 2017 face au Jazz : en plus de 28 minutes de jeu, Snell pointe à 0/2 aux tirs, 0/1 de loin et commet 1 faute. C'est tout. En étant *starter*. Quatre saisons plus tard, en 2020-21 on le voit tourner non pas en 50, 40 et 90 % de réussite aux tirs, à trois points et aux lancers mais bien en... 50, 50 et 100 : 51,5 aux tirs ; 56,9 à trois points ; et 100 % aux lancers avec un 11/11 sur toute la saison. Les minimums requis ne sont évidemment pas validés, mais quand même.

3.Joel Anthony, pire que pire

Le 9 janvier 2011, Joel Anthony avait déjà fait fort dans l'absence de stats. En 19 secondes de plus que Snell en

2017, le pivot gaucher du Heat se fait siffler 4 fautes et perd une balle, et rien de plus sur la ligne de stats. Pas de tir, pas de lancer, rien. Neuf jours plus tard, presque rebelote face aux Hawks : en plus de 43 minutes de jeu (!), aucun tir pris, aucun point marqué, mais 5 fautes, 1 contre et – heureusement – 16 rebonds, dont 8 offensifs.

4. Bubba Wells, le plus fautif

Le « Hack-a… » poussé à son paroxysme. Il suffira d'une seule petite saison NBA de 39 matchs en sortie de banc à Charles Richard « Bubba » Wells Jr pour entrer dans l'Histoire. Le 29 décembre 1997 face aux Bulls, Wells se voit intimer l'ordre par le coach des Mavericks Don Nelson d'envoyer sur la ligne Dennis Rodman, 38,6 % aux lancers cette saison-là. Wells s'exécute et vide son stock de 6 fautes personnelles en 2 minutes et 43 secondes, record de l'exclusion la plus rapide de l'Histoire avec une faute en moyenne toutes les 27 secondes. Rodman fait 9/12 aux lancers et les Bulls gagnent le match de 6 points. Raté.

5. Nat Hickey, le plus vieux

Propulsé coach des Providence Steamrollers le 30 décembre 1947, Matthew « Nat » Hickey doit faire mieux que son prédécesseur et ses 2 victoires pour 17 défaites. Ancien joueur pro, Nat va s'activer lui-même et entrer en jeu les 27 et 28 janvier 1948 face aux Saint-Louis Bombers et chez les Knicks. À l'âge de 45 ans et 362 jours, il reste le joueur le plus âgé à avoir foulé un parquet NBA à ce jour, mais sa stratégie échoue : 2 défaites lors de ses apparitions sur le parquet, et un bilan sans lendemain de 4 victoires pour 25 défaites.

Hornets, qui débutent leur aventure en NBA avec une défaite de 40 points mais avec une standing ovation, déclenchent une ferveur populaire locale et nationale dès les premiers dribbles, avec 7 saisons d'affilée sold out à domicile et des ventes record de son merchandising et de ses maillots turquoise à fines rayures multicolores dont on doit le design au créateur de mode Alexander Julian.

Comme avec la Caroline du Nord, la NBA avance en terrain connu en Floride. Elle y délocalise en effet certains de ses matchs de saison régulière dès les années 1950, avec une première édition en 1954 à Coral Gables, au sud de Miami. Ce sera ensuite au tour de Miami Beach ou encore Tampa d'accueillir des matchs des Pistons ou des Hawks. L'ABA a aussi eu une histoire avec la Floride, avec les... Floridians de 1968 à 1972. Pourtant située très légèrement plus à l'est par rapport à sa collègue d'expansion de Charlotte, la nouvelle franchise NBA de Miami pour la saison 1988 va bel et bien évoluer dans la conférence Ouest ! Un calendrier aussi incohérent qu'éreintant aura raison des premières aspirations du Heat, avec 17 revers de suite pour entamer sa saison inaugurale qui se conclut sur un piteux bilan de 15 victoires pour 67 défaites. Avec le recul, le meilleur marqueur de ce premier match de l'histoire du Heat a une identité prophétique pour le Heat. Le 5 novembre 1988, à l'occasion d'une défaite concédée aux Clippers, « Pearl » Washington inscrit 16 points. L'identité officielle de ce « Pearl » ? Dwayne Alonzo Washington. ■

AROUND THE WORLD

057

En septembre 1978, les Bullets avaient baptisé le passeport de la NBA en allant affronter une équipe hors NBA, le Maccabi Tel-Aviv, à domicile en Israël. Défaits 98 à 97, l'expérience n'a pas refroidi la Ligue car les Bullets repartent en tournée dès l'intersaison suivante, avec des escales en Chine et aux Philippines contre des équipes davantage à leur portée, pour trois victoires. Après un hiatus de cinq ans, Sonics, Suns et Nets font leurs valises en 1984 et ajoutent l'Allemagne (de l'Ouest), l'Italie et la Suisse au passeport (et de nouveau l'Israël) pour des matchs amicaux conclus en majorité par des victoires.

Dix ans après ce premier match joué contre une équipe hors NBA et en dehors des États-Unis, en ce mois de juillet 1988, la NBA récolte un nouveau tampon dans son passeport avec une destination à la portée symbolique bien plus importante que le résultat sportif. Après la première édition en 1987 du McDonald's Open à la Mecca des Milwaukee Bucks qui a accueilli Milan et la sélection nationale soviétique, c'est donc au tour de la NBA d'aller se produire en URSS en 1988, avec une mini tournée de trois matchs des Atlanta Hawks conclue par une défaite à Moscou face à la sélection nationale. C'est un événement historique en cette fin de guerre froide entre les deux puissantes nations, facilité par l'amitié entre le propriétaire des Hawks Ted Turner et le leader soviétique Mikhaïl Gorbatchev. Un post-scriptum à ce rapprochement a lieu un peu plus tard dans la saison, quand le shooteur lituanien Rimas Kurtinaitis est invité à participer au concours à trois points au All-Star Game de 1989. Un réchauffement des relations sportives qui ouvrira un peu plus la porte de la NBA aux basketteurs européens.

En 1990, une autre étape est franchie par la NBA qui délocalise à Tokyo, au Japon, l'ouverture de la saison régulière des Suns et du Jazz. C'est la première fois qu'un match du calendrier « officiel » de l'une des quatre ligues sportives majeures américaines est joué en dehors des États-Unis. Et la NBA de toujours plus défricher de nouveaux territoires pour des matchs amicaux et de saison régulière : Espagne, Bahamas, Mexique, Porto Rico, Brésil, Londres, Paris, Turquie, Taiwan, Inde... Avec plus d'une centaine de joueurs étrangers pour sa 75e saison et une popularité grandissante à travers le monde, les « Global Games » de la NBA ont de beaux jours devant eux. ■

Y A PAS FAUTE

058

Peut-être LA phrase la plus entendue par un arbitre dans sa carrière, tous sports confondus. La plupart du temps, avouons-le, il y a vraiment faute. Occasionnellement, l'arbitre est en tort. Et parfois, c'est entre les deux, et là c'est plus délicat. Surtout à la fin d'un match. Serré. De playoffs. Ou des Finals. Dans les dernières secondes d'un match serré des Finals avec le titre à la clé, ce serait le pire, non ? Le Match 6 des Finals de 1988 entre Pistons et Lakers coche toutes ces cases.

Detroit mène 3-2 dans la série, et dans ce Match 6, Isiah Thomas est héroïque avec 25 points dans le 3e quart-temps (record NBA) malgré une cheville en vrac. Les Pistons ont un tout petit point d'avance en attaque sur les Lakers, 102-101. Mais à 14 secondes du buzzer, alors que Kareem Abdul-Jabbar vient de recevoir la balle ligne de fond et d'enclencher son hook shot breveté, sur sa tentative de contre Bill Laimbeer se voit siffler une faute sur le pivot des Lakers. Deux lancers à venir pour égaliser puis passer devant. Bon, il fallait que ça tombe sur Bill Laimbeer, le *bad boy* que les arbitres n'ont pas forcément envie de croire sur parole. Et pourtant, Laimbeer reste dans la mesure la plus totale à l'annonce de la faute. Il ne manifeste son incrédulité qu'à travers une expression de marbre et regagne le banc en marchant à pas lents, sans aucune effusion verbale ou physique envers le corps arbitral. La « *Phantom Foul* », son surnom pour la postérité, n'a fait comme son nom l'indique aucun mal aux Lakers, au contraire. Laimbeer éjecté pour 6 fautes, Kareem rentre ses deux lancers pour forcer un Match 7. Les Lakers s'imposeront de 3 points dans une ambiance chaotique avec un terrain envahi quelques secondes avant la fin officielle du match, pour leur 5e titre en moins de 10 ans.

Alors oui, dans sa tentative de contre, Laimbeer saute vers l'avant et le côté gauche de son corps entre en contact avec celui de Kareem, mais à ce moment du match et de la série, si ce léger frottement de maillot n'avait pas été sifflé, personne n'aurait crié au scandale. De retour en finale en 1989, les Pistons *sweepent* les Lakers et envoient Kareem à la retraite. Detroit fera le doublé en se débarrassant tout aussi facilement de Portland la saison suivante (4-1). Champions en 1989 et 1990, les Pistons sont passés à ça de faire le *threepeat*, si cher à coach Riley des Lakers qu'il en a déposé l'expression au lendemain de ce titre arraché face aux Pistons, convaincu que ses Lakers allaient en décrocher un 3e d'affilée. Les Pistons qui n'ont pas pu faire la passe de trois avec le titre de 1988 tiennent là une belle revanche sur les Lakers. ■

A SONG OF ICE AND FIRE

059

Glace et feu, magie et loups, on peut trouver un lien ténu entre *Game of Thrones* et l'entrée conjointe en NBA du Magic d'Orlando et des Timberwolves du Minnesota, mais l'arrivée des deux nouvelles franchises en 1989 précède de deux ans le début de l'écriture de l'œuvre de G.R.R. Martin, qui comptait par ailleurs Kobe Bryant parmi ses plus grands admirateurs.

C'est un retour dans le Minnesota pour la NBA en 1989, après que les Lakers ont quitté le froid du nord des États-Unis en 1960 pour le climat plus agréable de la Californie. Preuve que les fans de basket du Minnesota avaient faim de balle orange, les Wolves affichent à la fin de leur saison inaugurale la plus grosse affluence de la saison toutes équipes confondues. Avec plus d'un million de spectateurs accueillis au Hubert H. Humphrey Metrodome de Minneapolis, les Wolves sont la seule franchise à dépasser ce cap symbolique devant les Hornets et les Pistons, champions en titre. Belle entrée en matière, mais cette première campagne est compliquée (22 victoires, mais le meilleur bilan des 4 dernières franchises arrivées en NBA) et l'équipe change de salle dès la saison suivante pour le Target Center, qu'elle occupe encore.

Avec un dossier complet prêt depuis 1986, le Magic d'Orlando a dû prendre son mal en patience alors que la NBA effectuait un changement de stratégie. L'expansion de 1988 a initialement été fixée à trois équipes, dont deux ont été allouées aux villes de Charlotte et Minneapolis. Pour la troisième, Miami ou Orlando ? Conquise par toutes les candidatures, en 1987 la NBA passe finalement sur une expansion de quatre franchises étalée sur deux saisons. On rebat les cartes : d'abord Miami et Charlotte en 1988, ensuite Minnesota et Orlando en 1989. Malgré ses maillots rayés saupoudrés d'un bleu électrique spécialement créé pour elle par son équipementier et un logo développé en partenariat avec des artistes Disney, la magie n'opère pas tout de suite. La franchise peine à décoller avec 18 victoires et les premières éditions du derby floridien tournent largement à l'avantage de Miami (4-1). ■

060

69 MINUTES POUR PERDRE

Meilleure progression de la saison 1986-87, All-Star en 1989, l'arrière-ailier Dale Ellis est le nouveau visage de la franchise des Sonics depuis son arrivée à Seattle en 1986. Avec l'ailier Xavier McDaniel (All-Star en 1988), l'autre homme fort de la franchise, ils vont défier pour ce 4e match de la saison 1989-90 les Milwaukee Bucks de Ricky Pearce et Jack Sikma, le vétéran et ancienne légende des Sonics, All-Star à 7 reprises avec Seattle. Ce match du 9 novembre 1989 entre deux équipes du milieu de tableau va cependant accoucher d'une soirée folle. Les spectateurs en auront pour leur argent, avec un ticket largement rentabilisé sur les 5 prolongations du match ! Et quel suspense : à 34 secondes de la fin de ce 5e *overtime*, les Bucks comptent encore 9 points d'avance. Après un trois points, un lancer, une interception, un shoot à mi-distance et une nouvelle interception, les Sonics sont à 3 longueurs des Bucks. Sur une tentative désespérée à trois points au buzzer, McDaniel se voit siffler une faute. Trois lancers à suivre pour égaliser ? Et non, seulement deux, c'est la règle avant la saison 1994-95. McDaniel les convertit, et les Bucks l'emportent (enfin !) sur le plus petit écart, 155 à 154.

Au bout de ces 5 prolongations, sur 73 minutes de jeu possibles, Dale Ellis est présent sur le parquet 69 minutes, ce qui reste à ce jour le record de minutes jouées par un joueur lors d'un match NBA. Il en profite pour établir son record aux points avec 53 unités. Xavier McDaniel n'est pas en reste non plus, avec 68 minutes sur le parquet pour 37 points et 13 rebonds. Il s'empare d'ailleurs du deuxième record all-time de temps de présence sur un match, car côté Bucks, les minutes sont mieux réparties avec le banc (seulement deux joueurs du *starting five* dépassent les 50 minutes de jeu). Les 3 « Mc » des Sonics (McDaniel, McKey et McMillan) pointent respectivement à 68, 53 et 51 minutes, soit presque la moitié du temps de jeu (172 minutes) de toute l'équipe (365 minutes). Une telle débauche d'énergie laisse forcément des traces : les deux équipes perdront le match suivant de leur calendrier deux jours plus tard. Dale Ellis ne ménagera pas ses efforts sur la suite du road trip des Sonics avec 41 minutes à Chicago le 11 décembre (30 points marqués mais défaite) et 40 minutes chez les Wolves le lendemain (victoire). Il enquillera sur 45 minutes à la maison face à Dallas (défaite) avant de retrouver des temps de jeu plus raisonnables. ■

L'ESPRIT CRÉATIF

061

Embauché en 1990 par le *commissioner* David Stern pour tenir le rôle de premier Directeur Créatif de la NBA, Thomas O'Grady va, pendant treize ans, aider la NBA à devenir plus qu'une Ligue sportive professionnelle : une marque. Cela fait déjà quelques saisons que les instances dirigeantes de la Ligue et Stern ont pris la mesure de l'engouement du public pour la NBA new-look de Magic, Bird, Jordan & Co. Les ventes de maillots augmentent en même temps que la demande en merchandising et les accords publicitaires. En 1986, un seul équipementier officiel, MacGregor Sand-Knit, s'occupe d'uniformiser les besoins en tenues des franchises. Cette même année 1986, le logo de la NBA est officiellement apposé à l'avant de tous les maillots. Encore une fois, sur ce point la NBA est en avance sur ses consœurs nord-américaines ; NFL, NHL et MLB ne tarderont pas à lui emboîter le pas.

O'Grady et son équipe seront au cœur du renouveau visuel de la NBA, de sa nouvelle donne graphique et dans sa nouvelle stratégie de communication. Mise en chantier du site nba.com, *rebranding* global et nouveaux designs de logos et de maillots devenus cultes et régulièrement ressortis par l'équipementier actuel de la

Ligue... Où que l'on regarde dans le paysage NBA des années 1990, la touche O'Grady est partout. Outre les identités graphiques des nouvelles franchises arrivées en 1995 que sont les Raptors et les Grizzlies, il va ainsi mettre sa patte artistique sur l'image de 20 franchises, notamment le Jazz, les Suns, les Bucks, les Hawks, les Nets, sans oublier le All-Star Game ainsi que l'identité visuelle de la WNBA, nouvelle ligue professionnelle de basket féminin lancée en 1996 par la NBA. ■

C'EST CADEAU

062

On aimerait que les grands records appartiennent aux légendes. C'est le cas avec certains, mais d'autres appartiennent à des joueurs plus inattendus, tel le record de minutes jouées dans un match à Dale Ellis en 1989 ou le record de passes décisives sur une rencontre de Scott Skiles. Pour le dernier match NBA disputé en 1990, le 30 décembre précisément, le meneur du Magic d'Orlando va atteindre ce total en seulement 4 quarts-temps lors d'un match où la défense est laissée aux vestiaires avec 155 points marqués pour Orlando et 116 pour les Nuggets de Denver. Malgré une confortable avance de 23 points à la pause, lors du 3e quart-temps Orlando et Skiles ne semblent pas avoir envie de lever le pied. Le Magic ajoute 10 pions d'écart et Skiles continue de distribuer des balles que ses coéquipiers se réjouissent de convertir, sans oublier d'apporter sa contribution au *scoring* (22 points). Sur une contre-attaque à 3 contre 2 au milieu du 4e quart-temps, sur une passe aveugle acrobatique un brin maladroite, il égale le record de 29 passes décisives de 1978 de Kevin Porter des Nets, quadruple meilleur passeur en saison. Son compteur reste bloqué jusqu'aux 20 dernières secondes, quand Jerry Reynolds convertit un *long 2* sur l'aile gauche. Auteur d'un match à 20 passes en mars 1991, Skiles boucle en 1990-91 sa meilleure saison en carrière, avec des moyennes de 17,2 points, 8,4 passes à plus de 40 % à trois points et 90 % aux lancers, ce qui lui vaudra le trophée de Meilleure Progression de l'année. Un beau coup de projecteur pour la 2e saison NBA de la toute jeune franchise du Magic. En 1992-93, il tournera par ailleurs à 9,4 passes par match.

Un record de passes décisives que l'on aurait pu, ou voulu, attribuer à John Stockton. En 1991, celui qui est le meilleur passeur de la NBA depuis trois saisons, et qui le sera encore six saisons de suite, a failli égaliser, voire battre ce record... à deux ou trois paniers réussis près. Quinze jours après le record de Skiles, en seulement 39 minutes de jeu Stockton distribue 28 passes lors d'une victoire face aux Spurs, tout en ajoutant 20 points et 8 interceptions à sa ligne de stats. Avec 31 matchs à 20 passes ou plus, le meneur du Jazz peut se targuer de détenir malgré tout de nombreux records d'offrandes réputés imbattables... comme l'est celui de Skiles. ■

DOUBLE HOMICIDE AU MADISON SQUARE GARDEN DU KNICK KILLER

063

La salle de spectacle et de sport la plus connue au monde a été le théâtre pendant les années 1990 de l'une des rivalités les plus intenses de la décennie. Le Madison Square Garden a été le lieu de grands matchs, du « Willis Reed Game » de 1970 qui a vu le capitaine blessé des Knicks entrer quelques minutes en jeu lors du Match 7 des Finals pour galvauder ses hommes, aux 55 points de Michael Jordan à sa sortie de retraite en 1995. Un an avant le revenant MJ, un autre bourreau des Knicks a sévi : Reggie Miller, lui qui avait déjà fait connaissance avec le front de John Starks lors des playoffs de 1993.

1994, finales de la conférence Est, Match 5. Chahuté (le mot est faible) par le public et la défense new-yorkaise pendant 3 quarts-temps, la coupe est pleine pour Miller. New York est devant à 70-58, mais lors du 4e quart-temps, le shooteur des Pacers plante 25 points dont 5 paniers à trois points. Un geste vaut mille mots, et après avoir déjà planté 10 points, Reggie Miller va faire passer son message en se prenant la gorge à deux mains, pour bien faire comprendre aux Knicks et aux fans (Spike Lee en particulier) que les locaux ont craqué et que c'est bien lui qui a les choses en main (dont ses parties intimes qu'il s'agrippe en 2e partie de son *trash-talking* gestuel). 39 points, 6/11 de loin et le Match 5 pour les Pacers (93-86) pour Reggie Miller lors de ce « Choke Game ». Éliminé au Match 7 par les Knicks qui affronteront les Rockets en Finals, Miller n'a pas dit son dernier mot.

On dit qu'un meurtrier revient toujours sur les lieux de son crime... Avec un petit peu moins de 19 secondes à jouer, les Knicks ont encore 6 longueurs d'avance sur les Pacers, à 106-99 dans ce premier match des demi-finales de la conférence Est de 1995. À suivre, bévues en série des Knicks et l'adresse insolente de Reggie Miller qui va planter 8 points en à peine 9 secondes !

Un premier *three-pointer* sur une remise en jeu des Pacers, puis un deuxième après une interception et un rétropédalage express de Miller derrière l'arc. Six points en moins de six secondes. Starks, encore sous le choc après les deux premiers missiles de Miller, rate son premier lancer à suivre. Le deuxième ne trouve pas plus la cible, et après une petite partie de patate chaude, Ewing récupère la balle mais ne convertit pas non plus son petit tir à mi-distance. Faute est sifflée sur Reggie sur la bataille au rebond, qui rentre ses deux lancers.

Ultime cafouillage sur la dernière attaque des Knicks. Les Pacers remportent le match 107 à 105, puis la série en 7 matchs et avancent en finales de conférence, qu'ils perdront face au Magic. ■

MVP, LA CLASSE INTERNATIONALE

064

Alors que Michael Jordan fait une pause basket, Hakeem Olajuwon et les Rockets s'imposent au bout du 7e match des Finals de 1994 pour remporter le titre NBA face aux Knicks. Après une première tentative infructueuse en 1986 face aux Celtics de Bird, le pivot des Rockets est champion et, logiquement, élu MVP des Finals, après avoir été nommé MVP de la saison régulière ET Meilleur Défenseur de l'année (pour la deuxième saison de suite). Originaire du Nigéria, Olajuwon est ainsi le tout premier lauréat de ces deux trophées de MVP à ne pas être un citoyen américain. Déjà en 1993, pour son premier trophée de Meilleur Défenseur, Olajuwon avait fait flotter pour la première fois un drapeau autre que celui des États-Unis sur ce palmarès. En 1994-95, Olajuwon cède le trophée de MVP de la saison à David Robinson et celui de Meilleur Défenseur à Dikembe Mutombo, mais il s'adjuge une nouvelle fois celui de MVP des Finals après un *sweep* infligé au Magic de Shaquille O'Neal. Un doublé évidemment historique pour un joueur non américain.

MVP et Meilleur Défenseur lors de la même saison ; hormis Michael Jordan, le seul autre joueur à avoir accompli ce doublé à ce jour est Giánnis Antetokoúnmpo, citoyen grec, en 2020. Preuve de l'internationalisation de la NBA : alors qu'Olajuwon a été le seul MVP « étranger » de la NBA entre 1956 (quand a été décerné le premier trophée de MVP) et 2004, depuis cette saison-là et jusqu'en 2021, six titres de MVP ont été décernés à des joueurs non américains : Steve Nash (Canada, 2005 et 2006), Dirk Nowitzki (Allemagne, 2007), Giánnis Antetokoúnmpo (Grèce, 2019 et 2020) et Nikola Jokić (2021). Hakeem « The Dream » reste cependant le seul de ces cinq joueurs à avoir remporté le titre lors de la même saison, quand Giánnis est le seul MVP de toute l'histoire du All-Star Game à ne pas avoir la nationalité américaine. ■

LE BAISER DE LA MORT

065

Déjà qualifiés sur le fil 3-2 en passant l'obstacle Jazz au premier tour, les Rockets de Houston, champions en titre et 6ᵉ à l'Ouest en saison régulière, retrouvent les Suns de Phoenix au même stade des playoffs que l'année précédente. En 1994, cette série des demi-finales de la conférence Ouest était allée jusqu'au Match 7 ; il en sera de même en 1995. Les Suns ont vu leur belle avance à 3-1 fondre comme de la neige en Arizona pour se retrouver à 3-3. Ce 20 mai, les Suns semblent en contrôle derrière les 46 points et 10 passes de Kevin Johnson. Charles Barkley, blessé au genou gauche, serre les dents et produit 18 points et 23 rebonds. En terrain hostile, la pression est sur Hakeem Olajuwon et Clyde Drexler, les futurs Hall of Famers des Rockets, par ailleurs anciens coéquipiers de l'université de Houston et sa mythique équipe, la « Phi Slama Jama ». 29 points pour Clyde, arrivé à Houston à peine trois mois plus tôt ; 29 points aussi pour Hakeem. À 20 secondes de la fin du match, Phoenix vient de revenir à égalité à 110 partout grâce à un lancer de Johnson. Un seul lancer, oui : lui qui était à 21/21 sur le match, rate le deuxième. Rebond Olajuwon, temps mort Rockets. Sur la remise en jeu, Mario Elie est tout seul dans le coin gauche et reçoit la passe haute lancée depuis l'autre côté du terrain par Robert Horry, autre spécialiste des tirs décisifs en playoffs. Hakeem Olajuwon est idéalement placé devant lui, sans menace sérieuse (désolé, Danny Schayes !) mais Elie est bien retombé sur ses appuis et, confiant, rentre le trois points à 7,1 secondes du buzzer. Une grosse bulle d'air pour les Rockets qui vont ensuite sortir gagnants de la bataille interposée des lancers pour, enfin, gagner la série.

Davantage réputé pour son intensité défensive que pour son apport au *scoring*, Mario Ellie signe ce shoot qui tue le match pour envoyer les Rockets en finales, en envoyant un baiser de l'index et du majeur au banc des Suns et plus particulièrement au pivot Joe Kleine, qui avait initié ce petit *trashtalk* visuel lors du Match 5. Le « Kiss of Death », le baiser de la mort, reste le symbole de ces Rockets qui vont successivement se défaire en playoffs des 4 meilleurs bilans de la saison régulière pour réaliser le doublé. « Ne sous-estimez jamais le cœur d'un champion ! » lancera coach Rudy Tomjanovich après le deuxième sacre des Rockets sur le Magic deux semaines plus tard. Ne pas sous-estimer non plus le cœur d'un *role player*. ■

ROOKIE ON FIRE

066

Le premier choix de la draft NBA de 1996 va marquer durablement les esprits tant d'un point de vue sportif que culturel. Arrivé dans la Ligue alors que Sa Majesté Jordan des Bulls vient de reprendre sa couronne de champion NBA, Allen Iverson va boucler une saison rookie exceptionnelle sur le plan individuel. En plus de 40 minutes de jeu par match, il apporte aux 76ers des moyennes de 23,5 points ainsi que 7,5 passes et 2,1 interceptions. Sur la fin d'une saison sans enjeu pour Philly, AI va lâcher les chevaux en enchaînant cinq matchs de suite à 40 points ou plus ! Du jamais-vu pour un rookie depuis le dieu scoreur Wilt Chamberlain en 1959-60, à Philadelphie aussi mais avec les Warriors.

L'offensive commence le 7 avril 1997 face aux Bulls. À peine un mois après avoir placé deux crossovers légendaires sur Jordan, symbole de l'affrontement de deux générations de basketteurs, Iverson plante 44 points au United Center à 50 % aux tirs et 6/14 de loin. Jordan n'est pas intimidé pour autant, avec 30 points à 13/25 aux tirs et 3/4 à trois points pour la victoire. Deux jours plus tard, pour la réception des Hawks, Iverson frôle le triple-double avec 40 points, 9 passes et 8 rebonds, encore en 48 minutes – et encore pour une défaite. Passe de trois le 11 avril avec 44 points en 43 minutes à 57,1 % aux tirs (3/4 à trois points) lors d'une défaite à Milwaukee. C'est ensuite sur les Cavaliers qu'Allen Iverson fait pleuvoir le plus de points lors de cette chevauchée sauvage, avec une pointe à 50 unités en *back-to-back* le 12 avril et en dépassant encore une fois allègrement les 40 minutes de temps de jeu. Fin de la cavalcade le 14 avril face aux Bullets avec 40 pions à 6/13 de loin.

Rookie de l'Année comme Chamberlain, la série d'Iverson est par contre entachée de 5 défaites, quand le pivot des Warriors affichait sur sa série record au scoring (46 points de moyenne) un bien meilleur bilan, avec 4 succès pour 1 défaite, dont une victoire contre les Celtics, futurs champions en 1960. ■

TOP 5 DES ENVOLÉES MYTHIQUES D'AIR JORDAN

1

Le « God Game », 1986

« Dieu déguisé en Michael Jordan », commente Larry Bird après la prestation d'un jeune Michael Jordan qui, dans sa deuxième saison, vient de marquer 63 points, record NBA, lors du Match 2 du premier tour des playoffs de 1986 face aux Celtics, meilleure équipe de la saison et futurs champions. L'exploit est d'autant plus grand que Jordan a manqué la quasi-totalité de la saison sur une fracture du pied gauche. Les C's gagnent le match et la série, mais la légende est en marche.

2

50 points en playoffs en back-to-back, 1988

Tout au long de sa carrière, les Cavaliers de Cleveland seront une cible de choix pour His Airness. La torture commence en 1988 avec les deux premiers matchs des playoffs que Jordan inaugure avec 50 puis 55 points, pour bien lancer une série que les Bulls remportent malgré tout à l'issue du 5e et dernier match, avec 45,2 points de moyenne pour Jordan.

3

Le « *Shrug Game* », 1992

À une époque où le tir à trois points est la spécialité d'un certain type de joueurs, Michael Jordan se surprend lui-même avec son insolente réussite derrière l'arc lors de la première mi-temps du Match 1 des Finals de 1992 face à Portland. Un peu trop comparé à son opposant Clyde Drexler à son goût, le champion en titre rentre 6 *three-pointers* et 35 points sur les 18 minutes qu'il dispute lors de la première mi-temps. Et hausse les épaules, incrédule, après sa 6e réussite.

4

Le « Double-Nickel Game », 1995

55 miles par heure, une limite de vitesse instaurée aux États-Unis en 1974, et la valeur d'une pièce d'un nickel, 5 cents, pour le surnom du match de la renaissance de MJ. De retour aux affaires après une pause baseball, Michael Jordan semble avoir retrouvé toutes ses sensations ce 28 mars 1995 au Madison Square Garden, pour son 5e match seulement dans cette deuxième partie de sa carrière. 55 points à 21/37 aux tirs, 3/4 à trois points et 10/11 aux lancers pour la victoire sur les Knicks. *He's back.*

5
Le « *Flu Game* », 1997

Même à terre, il ne faut pas éliminer Michael Jordan. Complètement rincé par une « grippe », selon le communiqué officiel, le quadruple champion NBA est à l'agonie mais il tient sa place et son rang, et de loin : 38 points, 7 rebonds et 5 passes en plus de 44 minutes, avec notamment un trois points décisif à 25 secondes de la fin, avant de s'effondrer dans les bras de Scottie Pippen qui le ramène sur le banc.

LES FEMMES DE LA NBA

067

Pour l'ouverture de la saison 1997-98, la NBA présente une nouveauté qui, une fois n'est pas coutume, lui donne un temps d'avance sur les autres ligues sportives majeures nord-américaines. Ce 31 octobre 1997, sur le parquet des Grizzlies de Vancouver, en plus des cinq joueurs locaux et des Mavs, se trouvent les trois arbitres habituels. Jusque-là, rien d'étonnant. La brigade est composée ce jour-là de Bill Oakes, dans sa 10e saison, Mark Wunderlich, dans sa 8e saison, et un arbitre rookie, ou plutôt une arbitre rookie en NBA : Violet Palmer, qui devient donc la première femme à arbitrer un match officiel dans une ligue sportive entièrement masculine. Lors de sa carrière d'arbitre NBA qui durera jusqu'en 2015, elle devient également la première femme à tenir le sifflet lors d'un match de playoffs (en 2006) et d'un All-Star Game (en 2014). Cette pionnière, qui a fait ses armes en NCAA féminine, est rejointe quelques jours plus tard par une autre femme arbitre, Dee Kantner, à l'occasion de la rencontre entre Hawks et 76ers du 5 novembre 1997. Il faudra attendre presque vingt-cinq ans pour que deux femmes se retrouvent à arbitrer le même match : ce sera chose faite par Natalie Sago et Jenna Schroeder lors du match Hornets-Magic du 25 janvier 2021.

Lancée en juin 1997 sous l'égide de la NBA, la WNBA est une opportunité de passer professionnelle offerte aux meilleures joueuses de basket à qui les portes de la NBA restent définitivement fermées. Et pourtant, ces portes se sont entrebâillées par deux fois pour essayer d'y faire entrer des femmes. Star du lycée Union-Whitten dans l'Iowa, Denise Long survole le basket lycéen féminin à 6 à la fin des années 1960, au point que les Warriors de San Francisco décident de la drafter en 1969. La NBA invalide ce choix de draft : pas de lycéens ou de femmes à la draft, c'est la règle. En réalité un coup de pub pour une ligue de basket féminin lancée par le propriétaire des Warriors, Denise Long participe ensuite à l'unique saison d'une équipe sponsorisée par la franchise NBA de San Francisco. En 1977, la star de Delta State University dans le Mississippi et triple championne universitaire Lusia Harris est draftée par le New Orleans Jazz, la franchise NBA voisine. Enceinte au moment du camp d'entraînement du Jazz quelques semaines plus tard, Lusia Harris ne pourra pas se mesurer à ses homologues masculins, mais ce transfert-là ne sera pas invalidé par la Ligue, faisant d'elle la première femme à être draftée par une franchise NBA. ■

LE FAUX ALL-STAR GAME

068

Alors qu'un conflit salarial oppose les joueurs NBA et leurs patrons, les opérations habituelles de la Ligue sont gelées et le *lockout* menace le calendrier de la saison 1998-99. Le début de saison est repoussé, et pour la première fois depuis sa création en 1951, le All-Star Game n'aura pas lieu. Dans une tentative pour faire oublier cette discorde portant sur des millions et se rappeler aux bons souvenirs des fans en attendant la reprise, les joueurs NBA ne trouvent pas meilleure idée que d'organiser un match amical au Convention Center d'Atlantic City, la cousine de Las Vegas à l'est. Le but affiché est de reverser 90 % des gains aux joueurs les plus touchés financièrement par la grève. Il est finalement décidé au vu du tollé général que les gains seront reversés à des associations caritatives locales et de Philadelphie, où devait avoir lieu le « vrai » All-Star Game.

Les 12 500 tickets de ce match calé au 19 décembre 1998 ont du mal à trouver preneur. À en croire un porte-parole du Convention Center qui s'est confié à un journal local, 9 500 tickets ont pourtant été vendus et 500 de plus ont été offerts. Le soir du match, à peine plus de la moitié des sièges de cette salle caverneuse vieille de 70 ans sont occupés. Première rencontre NBA télévisée depuis le Match 6 des Finals de 1998 qui a vu le 6e sacre de Jordan et des Bulls, « The Game On Showtime » affiche des *rosters* alléchants comprenant les plus grandes stars du moment. Pas de Michael Jordan, fraîchement retraité, même si son agent David Falk est l'un des organisateurs de ce match. Patrick Ewing, capitaine de l'équipe rouge, est accompagné de Tim Hardaway, Shawn Kemp, Karl Malone, Reggie Miller, Mitch Richmond, Dan Majerle et Dominique Wilkins de retour d'une pige en Italie, et de Charles Barkley en tant que coach. Alonzo Mourning, à la tête de l'équipe blanche, compte sur Penny Hardaway, Allan Houston, Gary Payton, Glen Rice, Chris Webber, Vin Baker et Tom Gugliotta, avec Oscar Robertson au coaching. Interdiction pour les commentateurs de citer le nom des équipes NBA des joueurs ni celui de la Ligue. Aucun logo NBA en vue évidemment, mais des maillots tristounets floqués « Athletic Attic » pour l'équipe rouge et « Just For Feet » pour l'équipe blanche, du nom des sponsors. Il y a eu du spectacle, avec un 360 de Webber, un *alley-oop* conclu par Wilkins ou encore une passe magique de Penny, et au terme de ce match amical, une victoire 125 à 119 de l'équipe rouge portée par Tim Hardaway, MVP du match, qui score 19 de ses 33 points (dont 7 trois points) dans le 4e quart-temps. ■

069

L'ENVOL PRESQUE MANQUÉ D'AIR CANADA

Arrivé dans les valises de l'ABA avec le tir à trois points, le concours de dunks version NBA a vu le jour en 1984, aidant à propulser la popularité du jeune Michael Jordan un peu plus haut encore grâce à des affrontements iconiques face à Dominique Wilkins. Dans les années 1990, à quelques exceptions près, l'intérêt pour cette démonstration de voltiges lors du All-Star Weekend a perdu de sa superbe, au point que la NBA décide de le mettre en pause en 1998. Mais en 2000, après une saison raccourcie par le *lockout* et privée de Match des Étoiles, les fans sont prêts à voir une nouvelle génération de dunkeurs martyriser (de façon artistique si possible) à nouveau les arceaux. Disons-le tout de suite, tout le monde attend Vince Carter, la star des Raptors, ainsi que son coéquipier et cousin Tracy McGrady, qui régalent depuis leurs débuts en NBA une saison plus tôt. Tout le monde les attend, au sens figuré comme au sens littéral, car il s'en est fallu de peu pour que l'une des éditions les plus mythiques du concours de dunks se soit déroulée bien différemment et avec beaucoup de retard à l'allumage.

Déjà, Vince Carter a dû batailler pour convaincre McGrady de l'accompagner sur le parquet. Celui-ci acceptera au dernier moment, à contrecœur. Ensuite, des raisons extrasportives s'en sont mêlées. Avec un week-end surchargé d'obligations, Vince Carter demande à la NBA la permission d'arriver un peu plus tard le samedi soir, histoire de se reposer avant le show à Oakland, la ville hôte du All-Star Game. La NBA accepte et envoie une voiture de l'autre côté de la baie, à San Francisco, où résident Carter et McGrady, pour faire la navette. Sauf qu'au moment de partir, ladite voiture et son chauffeur sont introuvables. La circulation est complètement congestionnée, la faute en partie à une pluie torrentielle qui s'abat sur la baie. Pas d'autre choix que de se caler à cinq dans une voiture lambda, complètement inadaptée à ces grands gabarits, avec le stress supplémentaire de ne pas être en forme physiquement pour le concours : « Ce trajet interminable, coincé entre eux... C'était brutal, se souvient Carter. Et tout le long, je me disais : "Je vais avoir des crampes, je ne vais pas pouvoir le faire. Ça va être le pire concours de tous les temps." »

Coincés un bon moment sur le Bay Bridge, la troupe arrive enfin à destination une petite demi-heure avant le début du concours. La suite est entrée dans l'Histoire avec une collection de dunks inédits, artistiques et puissants dont un 360 *windmill* pour ouvrir le concours et donner le ton. Des envolées que Carter a pour la plupart improvisées sur le moment, après avoir décidé à la dernière minute de ne faire aucun des dunks qu'il avait préparés à l'exception d'un seul. ■

UN JOUR MÉMORABLE

070

Le troisième lundi du mois de mai est l'un des plus anciens jours fériés aux États-Unis : le Memorial Day est une journée d'hommages aux soldats américains tombés au combat lors des conflits auxquels ont pris part les Américains dans leur histoire. Pour les fans de NBA, la fin mai coïncide avec le calendrier des playoffs. En 1985, le Memorial Day tombe le 27 mai, jour du premier match des Finals entre les Celtics de Larry Bird et les Lakers de Magic Johnson. Les Celtics champions en titre contre les Lakers, défaits lors du Match 7 des Finals de 1984 : une affiche qui promet d'être explosive, et qui tourne rapidement au massacre. Boston lance l'offensive avec un 18-3 et clôt le premier quart-temps avec 14 points d'avance. L'écart monte à 30 points à la pause (79-49), la tranchée est définitivement creusée à la fin du 3e quart-temps (29 points d'écart) et ne sera jamais comblée par les hommes de Pat Riley, avec un score final de 148 à 114 pour les C's à domicile. Ce Match 1 des Finals entre dans l'Histoire des matchs mythiques des playoffs sous le nom de « Memorial Day Massacre ». L'inattendu Scott Wedman, en sortie de banc des Celtics, sort le match de sa carrière avec 26 points à 11/11 aux tirs et 4/4 à trois points en 23 minutes. Ces 148 points sont un record (qui tient encore à ce jour) de points inscrits dans un match des Finals. Une victoire qui ne sera pas plus annonciatrice du reste de la série que le *Mother's Day Massacre* de 1982 (voir par ailleurs), les Lakers s'adjugeant les deux matchs suivants ainsi que les Matchs 5 et 6 pour remporter le titre.

Pour sortir de la rhétorique guerrière un brin malvenue en ce jour de mémoire pour les Américains, il fallait bien un miracle. Celui-ci arrivera le 31 mai 1999, à San Antonio lors du Match 2 des finales de conférence contre Portland. 85-83 pour les Blazers à 12 secondes pile du terme. Mario Elie, l'auteur du « Kiss of Death » (voir par ailleurs) remet la balle en jeu pour les Spurs au milieu du terrain. L'ailier double All-Star Sean Elliott récupère le cuir près de la ligne sur le côté droit et, le temps de retrouver son équilibre après le plongeon de Stacey Augmon qui a failli lui arracher la balle des mains, il se retourne et fait décoller un missile par-dessus le bras tendu de Rasheed Wallace, venu en deuxième lame. Le *three-pointer* trouve le filet, et les Spurs sont devant au score pour la première fois du match. Sur les 9 secondes restantes, les Blazers échouent à rattraper ce point d'avance des Spurs. Un Miracle, le surnom de ce match pour l'éternité, grâce à un valeureux soldat du nom de Sean Elliott qui, souffrant d'un rein, aurait tout à fait pu manquer ce match et ce tir miraculeux s'il s'était fait opérer plus tôt. Il se fera transplanter durant l'été suivant le titre des Spurs de 1999 et retournera à la compétition avec succès en mars 2000. ■

866 À LA SUITE

071

Sorti de sa retraite en 2001, Michael Jordan peut reprendre avec le maillot des Wizards sur le dos l'une de ses formidables séries au *scoring*, celle avec au moins 10 points marqués par match. Commencée le 25 mars 1986 avec 19 points face aux Knicks, Jordan la poursuit dans ce nouveau millénaire avec plus de 23 points de moyenne (oui, 23 comme son numéro), jusqu'au 27 décembre 2001. Ce jour-là, avec 6 points lors d'une lourde défaite de 27 points chez les Pacers, la série s'arrête enfin à 866 matchs consécutifs avec au moins 10 points marqués !

Certains observateurs y voient une validation de la plus grande crainte concernant cette troisième partie de carrière de MJ : rincé, dépassé par la nouvelle génération, il ne pèse plus autant qu'avant sur le jeu. Un record s'arrête ? Jordan le revanchard reprend sa marche en avant en en claquant d'autres ! Le match suivant, il rentre 51 points pour la victoire sur Charlotte, et devient ainsi à l'âge de 38 ans et 315 jours le joueur le plus âgé à marquer autant de points sur un match NBA. Deux jours plus tard, il se fend de 45 points assortis de 10 rebonds et 7 passes pour une nouvelle victoire, sur les Nets. Fin janvier, il enquille une série de 4 matchs à au moins 30 points (30, 40, 41 et 32), suivie d'un shoot pour la victoire au buzzer face aux Cavs. Jusqu'à la pause du All-Star Game, His Airness retrouve une seconde jeunesse et tourne à 28,6 points, 6,5 rebonds et plus de 5 passes, en 38 minutes et en ne scorant que 4 paniers à trois points ! 12-7 pour les Wizards sur cette période, mais cette nouvelle série de matchs à au moins 10 points inscrits est beaucoup plus courte et prend fin le 24 février 2002.

Depuis la retraite définitive de Jordan en 2003, ces records sont désormais la propriété d'autres joueurs. LeBron James est aujourd'hui le recordman des matchs consécutifs à 10 points ou plus : après avoir dépassé Jordan en 2018, il atteint la barre des 1000 matchs le jour de ses trente-six ans, le 30 décembre 2020. Alors qu'il venait de dépasser les trente-neuf ans, Jamal Crawford inscrit 51 points le 9 avril 2019, ce qui fait de lui le joueur le plus âgé à marquer au moins 50 points, et le seul de l'Histoire à avoir atteint ou dépassé cette marque avec 4 équipes différentes. En 2016, à trente-sept ans bien tassés et pour son dernier match en carrière, Kobe Bryant plante 60 points, autre record pour une telle marque à cet âge-là.

Le 21 février 2003, à l'âge de 40 ans et 4 jours, le décuple meilleur marqueur de la saison régulière qu'est Jordan fait une dernière sortie d'envergure à 43 points (et 10 rebonds et 4 interceptions), faisant de lui le joueur le plus âgé à inscrire 40 points ou plus. ■

072

LARRY BROWN, ALL-AROUND CHAMPION

Champion olympique à Tokyo en 1964 avec la sélection américaine, Larry Brown fait une pause dans sa carrière de joueur en 1965 pour une pige d'*assistant coach* auprès du légendaire Dean Smith dans son ancienne fac de North Carolina. L'expérience est courte mais elle lui aura sûrement donné le goût du coaching ! Larry Brown reprend le chemin des terrains avec une brève carrière en ABA de 1967 à 1972 auréolée de 3 sélections All-Star d'affilée, 3 titres de meilleur passeur et un titre de champion en 1969. Retraité des parquets en 1972, il entame alors ce qui deviendra l'une des carrières de coach parmi les plus brillantes et les plus singulières de l'histoire du basketball, avec plusieurs allers-retours entre les ligues pro et universitaire.

D'abord en ABA, il est nommé trois fois Coach de l'Année. Ses Nuggets intègrent la NBA en 1976, alors lui aussi. Il rejoint ensuite le circuit universitaire avec UCLA en 1979 pour deux saisons avant de repartir pour la NBA et les New Jersey Nets. Retour en 1983 en NCAA à Kansas. En 1988, dans sa cinquième et ultime saison à la tête de la fac de Kansas, en plus du trophée de Coach de l'Année il décroche le titre de champion universitaire après une saison mitigée et 11 défaites : jamais une équipe championne NCAA n'a gagné le titre en ayant perdu autant de matchs en saison régulière ! Recruté par les Spurs après le titre, il réintègre la NBA en 1988 et ne la quittera plus jusqu'en 2011. Son parcours dans la Grande Ligue est tout aussi victorieux : avec les Pistons, il est enfin champion en 2004 face aux Lakers et un autre grand coach qui a marqué l'histoire des techniciens du banc, Phil Jackson.

Seul coach champion NCAA (1988) et NBA (2004), Coach de l'Année en NCAA (1988) puis chez les pros en ABA (1973, 1975 et 1976) et en NBA (2001), en plus d'être un grand champion auréolé de ces distinctions individuelles et collectives, Larry Brown a aussi le mérite d'avoir mené 8 équipes de franchises différentes à des bilans positifs ou à l'équilibre sur une saison. Ces 8 équipes différentes seront également qualifiées pour la *postseason*. Ajoutons qu'il est également le seul head coach de l'histoire de la Ligue à avoir coaché deux équipes NBA différentes en une seule saison, en 1991 et 1992. ■

FRIDAY NIGHT FIGHT

073

Il n'y a pas que les grands moments de sport, que ce soient des matchs cultes ou des actions décisives, qui définissent la NBA. Ce sont parfois des conflits internes ou des événements extrasportifs qui ont poussé la Ligue à se regarder dans un miroir. La grève des joueurs juste avant le All-Star Game de 1964, le procès intenté à la NBA par Oscar Robertson dans les années 1970 qui débouchera sur la mise en place de la *free agency*... Plus près de nous, un autre événement, plus violent dans son déroulement, va amener la NBA à prendre des sanctions parmi les plus lourdes qu'elle ait jamais prises et, plus tard, de mettre en place un nouveau point de règlement qui va changer profondément les relations entre les joueurs et la direction de leur équipe.

Le vendredi 19 novembre 2004, au Palace d'Auburn Hills de Detroit, les Pistons champions en titre accueillent les Pacers de l'Indiana pour leur première rencontre de la saison, après leur affrontement tendu en finales de la conférence Est la saison précédente et qui avait abouti à la qualification de Detroit. Cette fois-ci, les Pacers jouent un niveau au-dessus, grâce notamment au néo-Pacer Stephen Jackson et Ron Artest, qui tourne déjà à près de 25 points de moyenne en ce début de saison. Jamais réellement inquiétés, les joueurs d'Indiana semblent se diriger vers la victoire avec 15 points d'avance à moins d'une minute de la fin du match. À 45,9 secondes du buzzer, Ron Artest abat ses bras sur le dos de Ben Wallace parti au cercle. Wallace répond en repoussant Artest des deux mains, les bancs se vident pour séparer les deux joueurs. Le temps pour les arbitres de trouver les punitions adéquates pour ce débordement, Ron Artest va s'étendre sur la table de marque. Technique pour calmer ses nerfs ? Provocation ultime ? Peu importe. Son attitude est la poudre d'un conflit à l'explosion imminente dont l'étincelle est fournie par Wallace qui lui jette une serviette puis par un spectateur qui balance un gobelet sur Ron Artest. La mèche est très courte, c'est l'explosion puis l'escalade dans le conflit et dans les gradins. Artest, Jackson, Jermaine O'Neal, les spectateurs, les staffs... À peu près tout le monde est impliqué pour séparer les uns ou prendre la défense des autres. La confusion se poursuit sur le terrain et en direct à la télévision nationale : « Malice At The Palace », un épisode dont la NBA se serait bien passée. Celui-ci aboutira à des lourdes sanctions et suspensions et, indirectement, à la mise en place du dress code. En octobre 2005, afin de donner une image plus respectable et plus pro - à ses yeux - des athlètes qui « travaillent » pour elle, la NBA demande à ses joueurs de se présenter avec des tenues plus *corporate*, enrayant au passage le style streetwear popularisé par Allen Iverson qui déferlait alors sur les bancs de touche à travers la Ligue. ■

UNLUCKY 13

074

Moins de trois semaines après la bagarre générale entre Pistons, Pacers et public, la NBA va remettre un peu d'étoiles dans les yeux de ses fans avec une séquence notée 11/10 sur l'échelle du *clutch*. Meilleur marqueur de la NBA les deux saisons précédentes, Tracy McGrady débarque dans le Texas à Houston pour cette saison 2004-05, et il ne va pas perdre de temps pour briller dans les derbys texans. Le 2 décembre à Dallas, il explose les compteurs avec ce qui sera sa plus grosse marque de la saison : 48 points à 6/13 de loin, 9 rebonds et 9 passes en 50 minutes pour une défaite concédée aux Mavs en prolongation.

Une semaine plus tard, le 9 décembre 2004, les Rockets reçoivent les Spurs de Tim Duncan, Tony Parker et Manu Ginóbili. En contrôle, les Spurs ont un coussin confortable de 8 points à 35 secondes de la fin, signal habituel du *garbage time* et du vidage de banc. Habituellement, oui, mais pas ce jour-là et pas avec ce scoreur incroyable qu'est McGrady. Après un premier *three-pointer* de McGrady qui ramène les Rockets à 5 longueurs, les Spurs reprennent 2 points d'avance sur la ligne des lancers. T-Mac remonte la balle jusqu'à l'arc adverse et, après une feinte de filou sur Duncan qui mord, il lance un tir désespéré... qui rentre quelques instants après que l'arbitre a sifflé faute. Le 3+1 est validé et l'écart n'est plus que de 3 points, mais Timmy rentre à son tour 2 lancers. Après un ultime temps mort côté Rockets, McGrady se retrouve de nouveau derrière l'arc avec un seul défenseur sur lui et convertit une nouvelle tentative. C'est aux Spurs de prendre un timeout, mais sur leur remise en jeu, Devin Brown glisse, s'affale, perd la balle qui est récupérée par... McGrady, évidemment, qui s'en va claquer un 4e trois points cinq secondes plus tard. Treize points pour lui en l'espace de 33,3 secondes précisément, pour prendre un tout petit point d'avance, 81-80. Il reste 1,7 seconde, plus de temps mort pour les Spurs et Tony Parker ne convertit pas sa propre tentative à trois points.

Le 13 ne porte pas chance aux Spurs qui ne seront pas traumatisés pour autant par ces 13 points en 33 secondes de McGrady. San Antonio enchaînera sur un mois de décembre 2004 de folie (9 victoires pour une défaite) et, à la fin de la saison, le titre NBA. T-Mac rejoindra lui les Spurs en fin de carrière pour quelques matchs des playoffs 2013, malheureusement sans succès. ■

UNE VIE DE NBA

075

Ce 21 janvier 2005, au Madison Square Garden, les Rockets battent les Knicks d'un petit point, 92-91. Lors de ce même match s'écrivent les derniers mots du dernier chapitre d'une vie de NBA. Avec une carrière de *head coach* commencée en 1970 et longue de 32 saisons et 2487 matchs, Lenny Wilkens est le coach qui a passé le plus grand nombre d'années sur les bancs de la NBA et celui qui affiche le plus grand de nombre de matchs coachés. Avec 1332 victoires (3e rang historique derrière Don Nelson et Gregg Popovich) pour 53,6 % de victoires, la carrière NBA de Lenny Wilkens a été lancée quelques (glorieuses) années plus tôt, en 1960. Drafté à la 6e place par les Hawks de Saint-Louis, ce meneur gaucher au shoot efficace et au dribble fiable évolue aux côtés de la légende Bob Pettit et échoue en Finals dès sa saison rookie face aux Celtics de Bill Russell et Bob Cousy. En première ligne des combats syndicaux menés par les joueurs NBA, All-Star dès sa 3e saison et à 9 reprises durant toute sa carrière, c'est la franchise de Seattle qui profitera de son prime, de sa vision du jeu et de son sens de la direction d'une équipe. Dans cette toute nouvelle franchise que sont les SuperSonics, dans leur 2e saison d'existence, Wilkens va briller avec des moyennes de 19,5 points et 9 passes, un titre de meilleur passeur en 1969-70 et 3 sélections All-Star. Il décroche également le trophée de MVP du All-Star Game en 1971.

Wilkens fait partie d'une espèce désormais disparue, celle des joueurs-coachs, une double casquette qu'il a portée ponctuellement avec les Sonics puis les Blazers pour sa dernière saison de joueur en 1974-75, avant de laisser définitivement aux vestiaires le jersey au profit du costume cravate de rigueur. En 1979, il amène les défunts Sonics au titre NBA, un an après leur défaite 4-3 en Finals face aux Bullets et neuf ans seulement après avoir rejoint les Sonics. Une aventure qui se termine en 1986 quand il rejoint le banc de Cleveland, pour cinq qualifications en playoffs en sept ans et trois saisons au-dessus des 50 victoires, mais des Cavs qui tomberont souvent sous le coup de leur bourreau Michael Jordan en *postseason*. Wilkens reste ensuite dans la conférence Est jusqu'à sa retraite en 2005 : de retour chez les Hawks mais à Atlanta de 1993 à 2000 (six campagnes de playoffs d'affilée et de nouveau trois saisons à plus de 50 victoires, élu Coach de l'Année en 1993-94), à Toronto de 2000 à 2003 et enfin, deux bouts de saison chez les Knicks entre 2004 et 2005.

Il convient d'ajouter à la carrière remarquable décrite plus haut une médaille d'or en tant qu'*assistant coach* de la Dream Team des JO de Barcelone de 1992, et une autre en tant que *head coach* de la sélection américaine des JO d'Atlanta de 1996. ■

IN THE ZONE

076

Où est-elle, précisément, cette « zone » ? Partout et nulle part à la fois, en réalité. N'importe quel joueur de n'importe quelle franchise peut y entrer, qu'il soit titulaire ou remplaçant ; ailier, arrière, pivot ou meneur ; rookie ou vétéran. Cet état de grâce touche principalement les grands scoreurs, il est vrai, mais il ne reste pas inaccessible pour autant. Quand le panier est large comme une bassine et la balle petite comme une orange, quand tout rentre, quand la vision du jeu est plus claire que jamais, la porte de cette « zone » vous est ouverte. Cet accès à une concentration et une confiance extrêmes s'apparente selon les ressentis de certains à une expérience extracorporelle et peut durer quelques minutes – Tracy McGrady qui score 13 points en 33 secondes en décembre 2004 – comme un match entier – Kobe Bryant et ses 81 points en 2006. Certains n'y rentrent que sur un « bout » de match mais c'est suffisant pour la victoire, tel Klay Thompson en 2015 et 2018 (voir par ailleurs). Carmelo Anthony est un visiteur régulier de la « zone ». Meilleur marqueur de la NBA en 2012-13 pour les Knicks, le 2 avril 2013 il rentre 50 points face à la défense de Miami, en ne tentant aucun tir dans l'axe du cercle ni dans la peinture ! Tout depuis les ailes, les coins et derrière la ligne à trois points, pour un beau voyage dans la « zone » (18/26 aux tirs, 7/10 à trois points). Cinq ans plus tôt, le 10 décembre 2008, Melo plante pour les Nuggets la bagatelle de 26 points de suite en l'espace de 7 minutes et 36 secondes dans le 3e quart-temps face aux Timberwolves, pour un total de 33 sur ce quart-temps, un record depuis battu par... Klay Thompson.

Paradoxalement, c'est lors de cette même saison 2008-09, la seule saison de son *prime* où il n'est pas All-Star, le seul trou dans ses 10 sélections presque d'affilée, que Carmelo Anthony réalise le parcours le plus long en playoffs de sa carrière, avec des finales de conférence perdues face aux Lakers. L'esprit de revanche, une autre motivation qui aiderait certains à entrer dans la « zone »... ■

ET POUR QUELQUES DOLLARS DE PLUS

077

Pour motiver ses troupes, tous les moyens sont bons. Et vu les moyens dont les joueurs NBA disposent, on serait en droit de penser qu'un pari sur une petite somme d'argent n'est pas le motivateur ultime. Et pourtant, il est quelque chose que ces athlètes de haut niveau ont en quantité : l'esprit de compétition, l'orgueil, la fierté, appelez ça comme vous voulez. Et quand on parle de deux des plus grandes franchises de l'histoire du sport que sont les Celtics et les Lakers, l'enjeu est démultiplié. En 2010, le *big three* des C's de Paul Pierce, Kevin Garnett et Ray Allen champions en 2008 sont (forcément) revanchards et veulent reprendre le titre que les Lakers de Kobe Bryant, Pau Gasol et Lamar Odom se sont adjugé en 2009. Une nouvelle finale entre ces deux franchises mythiques semble en approche et Doc Rivers, le coach de Boston, flaire le bon coup de coaching, à raison. Le 18 février 2010, lors du seul et unique déplacement de ses troupes chez les Lakers en saison régulière, il fait le tour de l'équipe et du staff pour leur taper 100 dollars chacun. Il planque ensuite le magot dans le plafond du vestiaire des Lakers en leur expliquant que la prochaine opportunité pour le récupérer, ce sera lors des prochaines Finals. Une belle preuve de confiance en son équipe et en ses adversaires car les hommes de Boston viendront effectivement récupérer l'enveloppe cachée au Staples Center lors du Match 1 des Finals de 2010, trois mois et demi plus tard. Cela ne suffira pas pour récupérer le trophée Larry O'Brien des mains des Lakers, qui le conservent au terme des 7 matchs d'une autre série mythique.

Assistant coach de Rivers à ses débuts dans le coaching en 2011, l'élève Tyronn Lue va reprendre à son compte l'une des leçons de son maître en 2016, avec les Cavaliers de Lebron James. Après le Match 5 des Finals, alors que les Warriors menaient encore 3-2, Lue entreprit de cacher une belle petite somme dans le plafond du bureau des coachs visiteurs, à récupérer à l'occasion du Match 7, ce qu'ils feront, en plus de repartir avec le trophée. Encore une fois, une belle motivation symbolique, tout comme celle du puzzle du trophée de ces mêmes Cavs, façon plus ludique d'unir le groupe vers le but ultime. Après chaque victoire, un joueur des Cavs qui avait apporté une contribution particulière au succès de l'équipe avait le droit de poser une pièce supplémentaire du puzzle d'une réplique du trophée des champions, avec une ultime pièce centrale prenant la forme de l'Ohio. ■

TOP 5 DES ACTIONS ICONIQUES AUX SURNOMS COMMUNS

1. The Shot 1

Après leur avoir passé 105 points lors des 2 premiers matchs des playoffs de 1988, Michael Jordan continue d'être le bourreau des Cavaliers en 1989, avec encore une élimination au dernier match de cette série du premier tour, cette fois-ci sur un tir au buzzer à Cleveland. Après s'être démené pour se démarquer, MJ récupère la balle à 3 secondes du terme sur l'aile droite, pose 2 dribbles, s'élève dans l'axe derrière la ligne des lancers et déclenche son jump shot tout en ayant le temps de se réaligner en l'air. *Classic*.

2. The Shot 2

Après tant d'années de souffrance face à Jordan en saison régulière (dont ses 69 points en mars 1990, record en carrière de MJ) comme en playoffs, les Cavs retrouvent encore les Bulls en 1993, au 2e tour. Chicago a l'objectif *three-peat* en vue et à 3-0, les finales de conférence ne sont plus très loin. À 101 partout, Jordan récupère la balle sur l'aile droite à 7 secondes de la fin. Avec un peu plus de temps pour préparer son coup, dos au panier, il travaille patiemment son défenseur, recule petit à petit puis se décale sur le coin droit de la peinture et part sur un *fadeaway* contesté par deux défenseurs. Le *sweep* ET l'humiliation au buzzer.

3. The Block

Plus précisément le « Chasedown Block », l'une des spécialités d'une locomotive lancée à pleine vitesse du nom de LeBron James. L'une des actions défensives les plus iconiques de l'histoire des playoffs arrive dans le money time du Match 7 des Finals de 2016, une série pleine de rebondissements qui a vu les Cavaliers rattraper leur déficit de 3 à 1 pour forcer un dernier match décisif. Andre Iguodala pensait redonner l'avantage aux Warriors à moins de 2 minutes du buzzer sur un *layup* en contre-attaque après être passé sous le bras de J.R. Smith. Lancé à sa poursuite, James plaque la balle sur le haut du carré blanc du plexiglas. Irving à trois points puis James avec un lancer scelleront ensuite l'issue de ce comeback historique.

4. The Steal 1

« Havlicek stole the ball! » est pour la NBA le « commentaire radio le plus célèbre de l'histoire du basketball », rien que ça. Par cette simple phrase du commentateur Johnny Most, la délivrance et le frisson pour les fans des Celtics qui suivent en 1965 le Match 7 des finales de la conférence Est par les ondes. Reste 5 secondes à jouer, 110-109 pour les C's. En embuscade, John Havlicek des Celtics. À la remise en jeu sous le panier, Hal Greer des 76ers qui ne peut faire la passe à Chamberlain, défendu par Russell. Reste Chet Walker, un peu plus haut sur l'aile droite. Havlicek surgit et détourne la balle dans les mains de Sam Jones, qui file de l'autre côté. Victoire de Boston qui s'en va plus tard récolter un autre titre face aux Lakers.

5. The Steal 2

« The Steal Of The Century », l'interception du siècle, est un autre coup d'éclat et de génie que Larry Bird peut accrocher à son tableau de chasse. Sang-froid, lucidité et vision de jeu à 5 secondes de la fin du Match 5 des finales de la conférence Est de 1987 contre les Pistons pour cette interception ligne de fond sortie de nulle part, suivie d'une passe décisive pour le layup de Dennis Johnson. Victoire de Boston dans ce match et la série mais suivie d'une défaite en Finals face aux Lakers.

DEHORS !

078

Peut-être l'une des fausses bonnes idées les plus célèbres de l'histoire de la NBA : faire s'affronter des équipes en plein air. Une idée relancée en 2008 après plusieurs années de tergiversation et une première expérience remontant à 1972 ! Sur un terrain de baseball de San Juan, capitale de Porto Rico, les Suns avaient alors défait Milwaukee lors d'un match de présaison joué le 24 septembre et conclu par une victoire surprise de Phoenix 116 à 103 sur les Bucks de Kareem Abdul-Jabbar et Oscar Robertson. Cette première expérience à ciel ouvert est venteuse et humide, climat tropical oblige, avec un revêtement glissant et des oiseaux marins qui survolent le terrain.

En 2008, l'idée est revitalisée par le succès récent du match en extérieur de la NHL, le « Winter Classic ». Dick Heckmann, l'un des copropriétaires des Suns, résident en Californie, aimerait bien voir jouer plus près de chez lui la franchise dont il possède une petite part. Rendez-vous est donc pris sur le terrain de tennis d'Indian Wells, en Californie, où les Suns retrouvent en octobre 2008 les Nuggets pour un match de présaison (victoire des Nuggets, 77 à 72). Il a fait bien frais (18°) et le vent n'a pas fait qu'ajouter à la fraîcheur de cette soirée en déréglant sensiblement la mire des shooteurs pour une réussite aux tirs globale ne dépassant les 40 %, avec un piteux 3/27 derrière l'arc. Les joueurs ont grand mal à rester chauds sur le banc. « Bonne idée, mauvais moment de la journée », analyse Kenyon Martin de Denver. Mais les spectateurs se sont déplacés, l'idée a plu et est remise en place la saison suivante pour une soirée un peu moins fraîche mais encore compliquée aux tirs. Après les Nuggets en 2008, les Suns affrontent donc début octobre 2009 les Warriors. Victoire de Golden State, 104 à 101, avec un Stephen Curry rookie à 18 points qui inscrit 2 lancers décisifs dans les ultimes secondes. En 2010, les Suns retournent encore une fois dehors début octobre pour défier cette fois-ci les Mavericks de Dirk Nowitzki, qui ne joue pas ce soir-là. Pour la dernière édition en date de ces « Outdoor Games », les Suns valident enfin leur première victoire en extérieur, 98 à 90.. ■

C'EST QUI LES PLUS MAUVAIS ? C'EST NOUS !

079

Il y a des records dont on est fiers, et d'autres beaucoup moins. Il y a aussi des débats qui reviennent toujours : qui est le GOAT ? MJ, Kobe, LeBron ? La plus grande franchise ? Les Bulls, les Celtics, les Lakers ? Et donc : quelle est la plus mauvaise équipe de l'Histoire entre les Charlotte Bobcats de 2011-12 et les 76ers de 1972-73 ? Comparons les bilans et remettons dans le contexte.

Les 76ers présentent le plus grand nombre de défaites, 73, pour 9 petites victoires, soit 11 % de victoires tout rond. Charlotte affiche le pire pourcentage de victoires, avec seulement 10,6 % de matchs gagnés (7 victoires pour 59 défaites) lors d'une saison tronquée de 16 matchs à cause d'un *lockout*. Aux Bobcats la plus longue série de défaites (23 d'affilée contre 20 pour les 76ers) et la pire attaque (87 points par match, 30e de la saison) face à des adversaires qui en marquaient plus de 100 par match. Les 76ers n'avaient eux pas à rougir de leurs autres classements dans la Ligue : 6e aux rebonds, 13e au nombre de points marqués par match, ils scoraient plus de 104 points par rencontre, mais leurs adversaires en rentraient plus de 116 en moyenne.

Le calendrier des 76ers, en plus de comporter 82 matchs, présente pas moins de 31 *back-to-backs*, dont de multiples enchaînements de 3, voire 4 matchs, quand les Bobcats n'en jouent « que » 23 avec une seule série de 3 matchs de suite. Côté *rosters*, pas grand-chose à se mettre sous la dent, mais quelques-uns se démarquent (un peu). Chez les Bobcats, les rookies Kemba Walker (futur quadruple All-Star) et Bismack Biyombo (8e meilleur contreur de la saison) font des débuts intéressants. Côté Philly, John Block (17,9 points, 9,2 rebonds) représente ces 76ers au All-Star Game pour sa seule sélection en carrière (à nuancer : à l'époque, au moins un joueur de chaque franchise devait être envoyé au Match des Étoiles) avant d'être envoyé chez les Kings aussitôt après le All-Star Weekend. Freddie Boyd est lui sélectionné dans la All-Rookie Team de 1973. À noter que les équipes de 2011-12 avaient droit à un effectif de 15 joueurs quand celles de 1972-73 ne pouvaient compter que sur 12 hommes à la fois. Dans une NBA à 17 équipes, les 76ers devaient également affronter bien plus souvent les équipes du haut du tableau...
Et histoire de ne pas clore définitivement le débat, précisons qu'à nombre identique de matchs joués (66), les Bobcats et les 76ers présentent un bilan identique de 7 victoires pour 59 défaites. Les 76ers en remportent 2 de plus jusqu'à la fin de leur saison, mais sur une saison complète à 82 matchs soit 16 matchs de plus, les Bobcats en auraient-ils remporté au moins deux autres ? ■

080

L'ART DE SAVOIR SAISIR SA CHANCE

Quand tous les autres plans n'ont rien donné, vous n'avez pas d'autre choix que d'opter pour la seule solution qui reste, si improbable soit-elle. Cette maxime inspirée de Sherlock Holmes va s'imposer à Mike D'Antoni le 4 février 2012. La franchise de New York est moribonde : avec 8 victoires pour 15 défaites malgré le tandem All-Star Carmelo Anthony-Amar'e Stoudemire, le coach est en danger. Relégué au bout du banc, le meneur Jeremy Lin se voit offrir une opportunité de briller pour les Knicks et, enfin, de se faire remarquer. Face aux voisins Nets, il prend le match à son compte avec 25 points et 7 passes pour la victoire. Dans sa deuxième saison après des débuts anonymes chez les Warriors, Jeremy Lin va entrer en février 2012 en mode *insane* et faire profiter la NBA et le monde entier d'un génial coup de folie. En l'absence des *franchise players* Stoudemire et Anthony, blessés, il est propulsé titulaire et aligne les stats face au Jazz (28 points, 8 passes) et aux Wizards (23 points, 10 passes). Lin déroule et les victoires s'enchaînent. La « Linsanity » est en marche. Après 38 points et 7 passes face aux Lakers de Kobe et une perf complète chez les Wolves (20 points, 8 passes, 6 rebonds), il est élu Joueur de la Semaine à l'Est. Il scelle ensuite la victoire des siens avec l'égalisation (un 2+1) puis le trois points de la victoire à Toronto (27 points, 11 passes). Les Knicks et Mike D'Antoni soufflent (un peu) avec cette série de 7 victoires d'affilée. Retour à la réalité pour Lin dès début mars avec 6 revers de suite et plus aucun match au-dessus des 20 points, et une fin de saison prématurée le 24 mars sur blessure au genou gauche.

Les médias n'ont pas tardé – c'est peu dire – à s'emparer de cette sensationnelle épopée. Dès février, le célèbre magazine *Time* le met en couverture avec un simple mais efficace « Linsanity ! ». On le voit ensuite deux semaines d'affilée en couverture de *Sports Illustrated* fin février, puis *SLAM* en mai, *GQ* en novembre... Le *Time* qui précise d'ailleurs en légende de cette une que depuis 1976, aucun joueur n'a inscrit autant de points sur ses 5 premiers matchs en tant que *starter* que Jeremy Lin, mieux que Jordan et LeBron. Le temps nous montrera hélas pour lui que la comparaison avec ces deux légendes s'arrête là. Ce même magazine *Time* place d'ailleurs Jeremy Lin dans sa liste annuelle des 100 personnes les plus influentes de l'année. En plus d'être un symbole pour la communauté asiatique aux États-Unis, *Time* rappelle à juste titre l'exemplarité de son parcours qui a abouti sur une *success story* à l'américaine : travailler dur, sur et en dehors du terrain, avec discipline et intégrité, attendre patiemment et humblement qu'une opportunité se présente et savoir la saisir à pleines mains. ■

L'HOMME QUI A (PRESQUE) TOUT GAGNÉ

081

Avec un bilan positif à 42-24 pour la première fois depuis la saison 2004-05, les Pacers bouclent en 2011-12 une saison pleine d'espoir malheureusement abrégée dès le deuxième tour des playoffs par le Heat de Miami, futur champion quelques semaines plus tard. Pour ce bond de la 8e à la 3e place de la conférence Est, le trophée d'*Executive Of The Year* est décerné au président des opérations basket des Pacers, à savoir *The Hick From French Lick*, l'enfant du pays, Larry Bird. Larry « Legend » devient ainsi le premier dans l'histoire de la NBA à recevoir les trophées de meilleur joueur, meilleur coach et meilleur dirigeant.

Wait a minute... L'armoire à trophées doit sûrement être plus remplie que ça, non ? Bien sûr : on parle là de l'homme qui, dans sa carrière NBA, a gagné presque tous les trophées possibles décernés à tous les niveaux. Les étagères de sa vitrine personnelle ont commencé à se remplir dès 1979, avec toutes les distinctions individuelles universitaires possibles pour le Meilleur Joueur universitaire de l'Année. Première saison NBA, premier trophée : Rookie de l'Année en 1980. Il reste pas mal d'étagères vides, alors on remplit : MVP de la saison régulière (3 fois, de 1984 à 1986), des Finals (1984 et 1986) et du All-Star Game (1982). Accrochées au mur à côté de ces récompenses individuelles, on peut s'imaginer les 14 plaques commémorant ses sélections dans le Meilleur Cinq de la NBA : All-Rookie en 1980, 9 fois dans la All-NBA 1st Team, 1 fois dans la All-NBA 2nd Team et 3 fois dans la All-Defensive 2nd Team. Retour sur la vitrine avec une étagère dédiée aux prises collectives : 3 bagues de champion et une médaille d'or olympique en 1992. D'autres trophées décernés par des organismes de presse s'accumulent autour de ses 3 trophées de vainqueur du concours à trois points chipés de 1986 à 1988.

Retraité des parquets en 1992, Larry Bird n'en a pas fini pour autant avec sa collection. Nommé à la tête des Pacers en 1997, le coach rookie mène Indiana à ce qui était alors le meilleur bilan de l'histoire de la franchise, le deuxième de la conférence Est (58-24), à 4 victoires seulement des Bulls de Michael Jordan que les Pacers poussent jusqu'au Match 7 des finales de conférence de 1998. Malgré l'élimination, il est élu Coach de l'Année. Meilleur rookie, joueur de la saison, des Finals et du All-Star Game, meilleur coach et meilleur dirigeant. L'armoire est pleine. ■

À BROOKLYN, C'EST NET

082

Ce 3 novembre 2012, pour leur premier match de la saison, les Nets reviennent à New York. Pas pour un déplacement chez les Knicks, mais bien pour jouer à domicile, au Barclays Center de Brooklyn où les Nets ont désormais élu domicile. Un retour aux sources à Big Apple pour cette franchise originelle de l'ABA fondée la même année que la ligue concurrente de la NBA en 1967 sous le nom de New Jersey Americans. Les salles new-yorkaises étant déjà toutes archi bookées ou intimidées par la direction des Knicks et la NBA, les Nets sont obligés de jouer leurs matchs à domicile dans le New Jersey voisin. Une saison plus tard, c'est le déménagement à Long Island et le *rebranding* en New York Nets, ce qui rime bien mieux avec les autres équipes locales, les Mets (baseball) et les Jets (football américain). Les Nets décollent sous l'impulsion de Rick Barry puis avec l'arrivée de la superstar Julius « Dr. J » Erving en 1973. Triple MVP de l'ABA sur les trois saisons suivantes, Erving mène les Nets à deux titres de champion.

À la fusion avec la NBA en 1976, pour avoir eu l'audace d'avoir défié la NBA et les Knicks sur ses terres, les Nets sont persona non grata à New York. Il ne s'agirait pas de faire de l'ombre et d'empiéter sur le territoire de l'une des franchises historiques de la NBA, présente depuis les origines de la Ligue. Pour faire passer le message, la NBA demande aux Nets un dédommagement de 4,8 millions de dollars qui viennent s'ajouter aux 3,2 millions que la franchise avait déjà dû débourser pour rejoindre la NBA. Les caisses sont vides, Erving n'aura pas l'augmentation de salaire promise et veut partir, ce qui poussera la direction des Nets à accepter l'offre des 76ers pour leur star. Les New York Nets version NBA ne jouent donc qu'une seule saison avant de repartir pour le New Jersey en 1977 où ils évoluent jusqu'en 2012, année du retour à New York, dans le quartier de Brooklyn.

D'un design moderne et épuré en noir et blanc et une installation à New York, les Nets ont failli avoir droit à tout l'inverse, avec un bail prolongé dans le New Jersey sous une autre identité, plus voyante et criarde. Les Nets ont en effet manqué de peu de devenir les New Jersey Swamp Dragons (les dragons des marais) avec des uniformes turquoise et violet, le tout accompagné d'un dragon cracheur de flammes faisant tournoyer un ballon. Le projet a été suffisamment avancé pour que des tenues complètes, un logo et un parquet voient le jour, mais l'idée a finalement été abandonnée au dernier moment à cause du veto de David Gerstein, copropriétaire des... Nets. ■

THE SHOW MUST GO ON

083

En NBA, le spectacle ne s'arrête jamais. Et quand il ne se passe rien sur le terrain, on peut facilement se divertir en promenant son regard aux abords du parquet où dans les travées. Là, une mascotte semble toujours prête, dans toutes les arenas du pays, à faire des siennes. Un spectacle souvent drôle et décalé, histoire de patienter pendant les temps morts et la mi-temps. Mais parfois, l'histoire peut virer au drame ou pire en NBA : au mauvais coup de com' ! « À faire pleurer des adultes et priver les enfants de sommeil. » On ne parle pas là du *roster* de New Orleans en 2013-14, mais bien des réactions à la vue de Pierre le Pélican, nouvelle mascotte de la franchise de La Nouvelle-Orléans, maintenant que les Hornets sont de retour à Charlotte. Affublée d'un immense bec rouge grand ouvert et d'yeux mi-clos hagards, la version costumée de l'oiseau officiel de l'État de Louisiane (dont le surnom officiel est « The Pelican State ») ne fait pas l'unanimité. Par chance, l'oiseau géant passe sur le billard quelques mois plus tard pour, selon la franchise, « se faire réparer le bec à la suite d'une blessure lors d'un match amical avec d'autres mascottes ». Pierre en ressort avec un beau bec tout jaune (et moins ouvert) et de grands yeux qui lui donnent un air (un peu) plus jovial. Le chemin est encore long pour qu'il puisse un jour entrer au Mascot Hall Of Fame à Whiting, dans l'Indiana, ou même dans le cœur des fans comme l'une des mascottes les plus appréciées du circuit, tels Rocky des Nuggets, Coyote des Spurs, ou l'incontournable Benny the Bull, de Chicago.

Le titre honorifique de « Michael Jordan » des mascottes selon ESPN revient à Go le Gorille des Suns, dont les origines sont encore un bel exemple d'une *success story* à l'américaine. Employé à mi-temps de l'Eastern Onion Telegram, Henry Rojas est mandaté à l'Arizona Veterans Memorial Coliseum en janvier 1980 par un fan des Suns pour délivrer un télégramme chanté lors d'une pause dans le match, déguisé en gorille. Ne voyant nulle part le membre du personnel des Suns chargé de l'accompagner sur le terrain où il doit chanter son message, Henry essaye de s'éclipser. Plus facile à dire qu'à faire quand on est déguisé en gorille au premier rang. Alors qu'il se faufile le long du terrain pour filer, de la musique explose dans les enceintes de la salle. Coincé, Henry s'en va danser sur la ligne des lancers et rentre même un panier avec le ballon que lui tend un arbitre. Le public en redemande, les Suns l'écoutent et Go le Gorille est né. Rojas endosse le costume jusqu'en 1988. En 2021, Go devient la première mascotte d'une équipe sportive professionnelle à signer un contrat de sponsoring avec un équipementier. ■

TOUT S'EXPLIQUE... ?

084

Pour la saison 2014-15, la NBA inaugure un centre multimédia digne d'une salle de lancement de navette spatiale de la NASA. À Secaucus, dans le New Jersey, le « Replay Center » de la NBA est doté de plus de 100 écrans haute définition, d'une connexion interstellaire, de 20 postes de travail et de 15 arbitres pour, selon la Ligue, « accroître les performances des arbitres et accélérer le processus de révision des décisions en match », ces fameux *replay reviews* qui ont tendance, bizarrement, à se multiplier et à s'étirer à la fin des matchs serrés.

C'est que depuis les 13 règles originales de James Naismith publiées en 1892, le livret des règles de basket propres à la NBA s'est bien épaissi, pour atteindre les 70 pages en ce qui concerne la saison 2021-22. On y trouve l'explication à des bizarreries, certes rarissimes, mais qui peuvent avoir un impact sur l'issue du match. Par exemple, on y apprend que si un joueur reçoit sa 6e faute normalement disqualificative et qu'aucun remplaçant ne peut entrer en jeu, ledit joueur reste sur le terrain, reçoit une autre faute personnelle et collective, en plus d'une faute technique, et ce à chaque nouvelle infraction. Ce qui explique les 8 fautes de Lew Hitch des Lakers en 1952 ou Robert Sacre (encore un Laker) qui reste en jeu malgré ses 6 fautes en 2014. De même, un joueur déjà disqualifié peut revenir en jeu si personne d'autre ne le peut et si un joueur sur le terrain se fait éjecter, comme Cliff Levingston des Hawks qui, en 1986 face au Jazz, revient sur le terrain avec ses 6 fautes pour remplacer Doc Rivers, renvoyé aux vestiaires par un arbitre. Il arrive aussi que le jeu change les règles, et non l'inverse. Ainsi, la règle des 3 lancers pour une faute commise sur une tentative à trois points entre enfin en vigueur pour la saison 1994-95, après le Match 3 des Finals de 1994 où John Stark n'avait eu droit qu'à 2 lancers au lieu de 3 dans les dernières secondes du match, ce qui aurait pu changer l'issue de la rencontre et, peut-être, de la série.

Pour la saison 2019-20, un nouveau point est ajouté en lien direct avec le Replay Center : le « coach challenge », qui permet à chaque coach de contester une fois par match une décision arbitrale (une faute, une sortie de balle, un *goaltending*) pour peu que son équipe dispose encore d'un temps mort en stock, qui devra être utilisé immédiatement. Direction la table de marque et une liaison vidéo avec le Replay Center. Si le « challenge » est validé et que les arbitres reviennent sur leur décision, le temps mort est rendu, sinon c'est double peine avec un temps mort gâché et une décision initiale confirmée. Une règle que Frank Vogel des Lakers a pour l'instant été le plus rapide à utiliser, avec un *challenge* demandé après seulement... 15 secondes de jeu lors du Match 3 du premier tour des playoffs 2021 contre Phoenix. ■

LES FRAPPES CHIRURGICALES DU SPLASH BROTHER

085

En progression constante depuis son arrivée en NBA chez les Warriors en 2011, l'arrière Klay Thompson va exploser son compteur et celui de la table de marque quelques semaines avant sa première sélection au All-Star Game, en 2015. Déjà auteur d'une pointe à 41 points lors du deuxième match de cette saison-là et d'une autre à 40 points à 6/11 à trois points quinze jours plus tôt, le génie et la facilité au scoring de Klay Thompson vont de nouveau s'exprimer face aux Sacramento Kings le 23 janvier 2015. Auteur d'un très bon 1er quart-temps avec 10 points à 2/3 de loin, Klay Thompson se fait plus discret dans le 2e, avec seulement 3 points (que des lancers francs). De retour des vestiaires, la bête est réveillée. Thompson est in the zone, aucun doute là-dessus. L'autre « Splash Brother », Stephen Curry, passe à la distribution (6 assists dans ce quart-temps) et laisse son compère arroser sur les 12 minutes du 3e quart-temps, qu'il joue dans son intégralité. 37 points en un quart-temps, record NBA, avec une réussite d'un autre monde : 13/13 aux tirs, 9/9 à trois points, 2/2 aux lancers. Thompson ne jouera que 2:32 dans le dernier quart-temps d'un match déjà plié, histoire de rentrer 2 lancers et de porter son nouveau record en carrière à 52 points.

Le sniper Klay va bien sûr être déployé sur plusieurs autres théâtres d'opérations lors des saisons suivantes. Le match du 5 décembre 2016 est à regarder pour quiconque veut comprendre les termes de déplacement sans le ballon, démarquage et surtout « catch and shoot ». Encore une fois à domicile, face aux Pacers, il tape la barre des 60 points en seulement... 11 dribbles ! Et en moins de 30 minutes étalées sur les 3 premiers quarts-temps, il n'a en réalité la balle en main que 90 secondes chrono. Nouveau record personnel et nouveau record NBA pour le plus grand nombre de points marqués en moins de 30 minutes. Une colonne dans laquelle Klay Thompson va inscrire son nom à la 2e place moins de deux ans plus tard. Le 29 octobre 2018 au United Center des Bulls, Klay va encore prendre feu avec 22 points à 6/7 derrière l'arc rien que dans le 1er quart-temps. C'était écrit, c'était à l'un des Splash Brothers de battre le record du nombre de paniers à trois points sur un match. Thompson va pointer à 4/7 de loin pour 14 points de plus dans le 2e quart-temps, puis un 4/10 pour 16 points dans le 3e quart-temps, et le record est tombé : 14/24 derrière l'arc pour 52 points. Un autre record NBA pour Klay Thompson, et encore en moins de 30 minutes. ■

LA PLANCHE, CETTE MAL-AIMÉE

086

« Vous l'aviez annoncé ? » demande Chris Broussard, sourire béat aux lèvres et micro ESPN à la main tendu sous le menton de Paul Pierce. Annoncé, « le tir avec la planche », précisons. Nous sommes le 9 mai 2015, au Match 3 du premier tour des playoffs entre les Wizards et Atlanta. Pierce, trente-sept ans, qui a rejoint Washington en début de saison, vient de rentrer un tir au buzzer après un *step-back* de géant sur l'aile gauche avec deux défenseurs prêts à le contrer. Sous cette pression défensive, il tombe à la renverse après avoir déclenché son missile. Au sol, les bras en étoile, il peut célébrer ce tir impossible après que la balle s'est enfoncée dans le cercle, non sans avoir rebondi contre le plexiglas pour valider la victoire à domicile. L'infamante question posée, Pierce marque une pause et son regard se perd dans le lointain. Agacement, fatigue, soulagement, croit-on pouvoir lire sur son visage. Ce temps de réflexion qui semble durer une éternité en dit long et a une histoire à raconter : celle de ce fameux tir « avec la planche ». On le déteste, car il nous fait passer pour un shooteur pas suffisamment adroit pour rentrer un tir en faisant ficelle ; on l'aime car la seule vérité qui compte est celle du tableau d'affichage. Encore plus en playoffs, comme ce fut le cas pour Paul Pierce et les Wizards ce jour-là.

Et pourtant, dans l'histoire de la NBA, ce tir a fait les beaux jours de nombreux joueurs et sauvé certains d'une soirée pleine de maladresse. Wilt Chamberlain avait fait sien le *bank shot* pour rentrer la majorité de ses points grâce à une routine bien calée. Posté en bas à gauche du cercle, appel de balle, un ou deux dribbles puis, aussitôt après s'être orienté vers le cercle, tir en suspension avec la planche à une ou deux mains, parfois en reculant. Dans les années 2000, c'est Tim Duncan et sa mécanique de tir très tendu qui fait un usage intensif du support transparent du cercle. Et pas plus tard que la veille du tir décisif de Paul Pierce, Derrick Rose rentre face à Cleveland un *game winner* au buzzer un bon mètre derrière la ligne à trois points depuis l'aile droite, une bombe qui a eu besoin de la planche pour toucher sa cible. Et le lendemain, Chris Broussard pose LA question – « *Did you call bank?* » – qui passerait pour une agression sur un terrain de street ball. Ne pas annoncer que l'on va marquer avec la planche reviendrait à avouer que votre tir était chanceux et que vous n'êtes pas un aussi bon viseur que ça. « *I called game!* » lance The Truth avant de couper court à l'interview et de s'éloigner. La victoire : la meilleure réponse possible aux détracteurs de ce tir si délaissé par les joueurs NBA et pourtant si efficace qu'est le *bank shot*. ■

TOP 5 DES MORSURES FATALES DU BLACK MAMBA

1. 48 points à vingt-deux ans en playoffs, 2001

Champion NBA à vingt et un ans avec les Lakers, Kobe Bryant ne cesse de progresser et d'impressionner. En 2001, les Lakers visent le *back-to-back* et Kobe va exploser sur la plus grande scène. Au deuxième tour des playoffs, il passe 48 points en 48 minutes à 51,7 % de réussite pour *sweeper* les Kings chez eux. À seulement vingt-deux ans, Bryant réussit des playoffs de patron (29,4 points, 7,3 rebonds, 6,1 passes) pour des Lakers qui ne perdent qu'un seul match de toute leur campagne de playoffs.

2. 12 paniers à trois points, 2003

Contre les défunts SuperSonics de Gary Payton, Kobe Bryant va démontrer l'étendue de sa palette offensive en rentrant un nombre record pour l'époque de paniers à trois points. Ce mardi 7 janvier 2003, son entame de match en mode diesel (4 points, 0/1 de loin dans le 1er quart-temps) n'est déjà plus qu'un mauvais souvenir dès le 2e quart-temps, avec un 6/6 derrière l'arc dans les 5 dernières minutes de la première mi-temps ! Kobe enchaîne avec un 5/7 dans le 3e et une dernière réussite (sur 3 tentatives) dans le 4e. En 37 minutes, c'est un 12/18 pour 45 points, avec ses 9 premiers tirs réussis pour un record NBA égalé en 2005 puis battu seulement en 2016.

3. 62 points en trois quarts-temps, 2005

Le 20 décembre 2005, Kobe Bryant va faire une balade de trois quarts-temps *in the zone* face aux Mavs de Nowitzki : avec 15, 17 puis 30 points à 58,1 % aux tirs et 22/25 aux lancers, en trois quarts-temps Bryant dépasse à lui seul la marque collective de Dallas (61), un exploit unique depuis la mise en place des 24 secondes en 1954. Avec un score de 95 à 61 en faveur des Lakers à la fin du 3e quart-temps, direction le banc jusqu'à la fin du match pour Bryant qui aurait bien aimé continuer le festival, n'en déplaise à coach Phil Jackson.

4. 81 points en un match, 2006

À peine un mois après sa démonstration face à Dallas, le 22 janvier 2006 Kobe Bryant va réaliser la deuxième plus grosse marque individuelle de l'histoire de la NBA, rien que ça. Au Staples Center, les Raptors vont entrer malgré eux dans l'Histoire face au Black Mamba : en moins de 42 minutes, il monte à 81 points à 60,9 % aux tirs, dont 7/13 à trois points et 18/20 aux lancers francs pour la victoire. À l'issue de cette saison, il remporte le premier de ses deux titres d'affilée de meilleur marqueur avec 35,4 points de moyenne par match.

5. 60 points pour son dernier match, 2016

« *Mamba out* » peut-être, mais Mamba « *in* » pour son dernier match NBA en carrière. Le 13 avril 2016, le soir où les Warriors battent le record de victoires en saison régulière avec un bilan de 73-9, les Lakers finissent leur saison à Los Angeles. En guise de dernier numéro pour la tournée d'adieux qu'a été son ultime saison NBA, Kobe Bryant va offrir à son public un récital dans le dernier quart-temps avec 23 points à 50 % aux tirs et 3/5 à trois points, pour un total de 60 points face au Jazz qu'il prive de playoffs. Kobe Bryant tire sa révérence en devenant le joueur le plus âgé de l'histoire de la NBA à scorer 60 points dans un match.

LE TRIPLE-DOUBLE : FACILE À DIRE, PAS SI FACILE À FAIRE

087

Dépasser 10 unités dans trois catégories statistiques reste l'un de ces accomplissements que tout joueur NBA souhaite accrocher à son tableau de chasse. Depuis le tout premier triple-double en NBA le 14 décembre 1950 par Andy Phillip des Pistons (17 points, 10 rebonds, 10 passes) à la saison complète d'Oscar Robertson en triple-double de moyenne en 1961-62, en passant par les orgies statistiques de Wilt Chamberlain, il en a été compilé des centaines, des « TD », mais aucun n'a été aussi singulier que celui de Draymond Green le 10 février 2017. Le *floor general* des Warriors devient, à l'issue de cette victoire à Memphis, le premier (et pour l'instant le seul) joueur de l'histoire de la NBA à avoir compilé un triple-double sans avoir dépassé la barre des 10 points. Avec 10 passes, 10 interceptions et 11 rebonds, mais aussi 5 contres et seulement 4 points, Green réalise un triple-double aussi unique qu'improbable, car c'est bien les points qui, en général, sont accumulés le plus rapidement lors des triples-doubles. Avec un petit 2/6 aux tirs, 0/3 à trois points et aucun lancer tenté, on peut avancer que Green n'était de toute façon pas assez impliqué au scoring pour chatouiller le quadruple-double...

Comme un clin d'œil à l'Histoire, cette même saison 2016-17, Russell Westbrook est élu MVP après avoir bouclé un exercice en triple-double de moyenne, une première depuis Robertson. Avec 31,6 points (meilleur marqueur de la saison), 10,4 passes et 10,7 rebonds, Westbrook réalise un exploit que l'on ne croyait plus possible, et qu'il répliquera la saison suivante (25,4 points, 10,3 passes et 10,1 rebonds), et encore celle d'après (22,9 points, 10,7 passes, 11,1 rebonds), à chaque fois en étant le meilleur passeur de la saison. En 2020-21, non content de battre le record du nombre de triple-doubles en carrière de Robertson, Westbrook boucle une quatrième saison en triple-double de moyenne (22,2 points, 11,7 passes, 11,5 rebonds) en étant pour la troisième fois meilleur passeur de la saison.
Quand certains font le forcing pour valider le triple-double (coucou Ricky Davis qui shoote contre son camp à 6 secondes de la fin d'un match plié en 2003 pour un 10e rebond refusé), d'autres les enchaînent avec une facilité et une rapidité déconcertantes, tel Nikola Jokić le 15 février 2018 chez les Bucks. Le pivot des Nuggets compile ce soir-là le triple-double le plus rapide de l'Histoire à ce jour. Alors qu'il reste encore 1:54 à jouer dans la première mi-temps, Jokić en est déjà rendu à 16 points, 12 passes et 11 rebonds en 14 minutes et 33 secondes de jeu. ■

088

JE M'EN VAIS COMME UN PRINCE

Meilleur marqueur (33,6 points), rebondeur (12) et passeur (10) des Cavaliers lors des Finals 2017, LeBron James devient le premier joueur de l'Histoire à tourner en triple-double sur l'ensemble d'une série finale. Une débauche d'énergie qui aurait pu lui valoir le trophée de MVP des Finals, seulement voilà : les Warriors se sont imposés au terme du Match 5, et c'est Kevin Durant de Golden State qui récolte le trophée du Meilleur Joueur, avec une production tout aussi dantesque (35,2 points, 8,2 rebonds, 5,4 passes).

La possibilité que LeBron hérite de ce lot de consolation cruel n'était pourtant pas totalement exclue, car depuis la création du trophée de MVP des Finals en 1969, il y a bien eu un joueur de l'équipe perdante, un seul, qui a reçu le trophée. Et comble de l'histoire, ce fut aussi le premier lauréat. En 1969, Jerry West tourne à presque 38 points de moyenne pour les Lakers qui chutent (encore) de 2 points face aux Celtics au Match 7 des Finals, match mythique qui plus est. Pour la première victoire à l'extérieur à l'issue du 7e match des Finals, Chamberlain, apparemment blessé, ne revient pas en jeu en fin de 4e quart-temps puis arrive un shoot à la fin de l'horloge des 24 secondes de Donny Nelson des Celtics qui rebondit sur l'arrière de l'arceau avant de retomber dedans, pour donner 3 points d'avance aux C's à 1:33 minute du buzzer.

LeBron James se consolera en 2020 en remportant son quatrième titre de champion NBA avec les Lakers et en devenant le premier joueur à être élu MVP des Finals avec trois équipes différentes. Les Lakers partagent d'ailleurs un lien étroit avec le trophée Bill Russell, son nom depuis 2009. Franchise la plus titrée en termes de MVP des Finals (13 à ce jour), en plus de compter dans leurs rangs le premier ET seul lauréat d'une équipe perdante (Jerry West en 1969), on trouve dans les tablettes de la franchise de L.A. le plus jeune MVP des Finals (Magic Johnson, vingt ans en 1980), le plus âgé (Kareem Abdul-Jabbar, trente-huit ans, en 1985) et le seul avec Michael Jordan à l'avoir remporté trois fois de suite (Shaquille O'Neal, de 2000 à 2002). ■

QUE LA MEILLEURE *TEAM* GAGNE

089

En 2018, pour son 67e All-Star Game, la NBA a décidé de changer drastiquement l'organisation de son match vitrine. Sélectionnées par les fans, les médias et les joueurs en activité, les stars n'évoluent plus pour la sélection de leur conférence mais pour l'une des deux « *teams* » formées à l'occasion d'une draft médiatisée par les deux joueurs ayant reçu le plus de votes. Cette année-là, LeBron James et Stephen Curry piochent ainsi à tour de rôle dans la liste des joueurs pour monter leur escouade respective.

Une longue évolution, que ce processus de sélection du All-Star Game. Pour la première édition, en 1951, un panel de journalistes sportifs est chargé de sélectionner 5 *starters* ainsi que 3 remplaçants de chaque côté. À la charge des coachs de finir de remplir les *rosters* de 10 hommes, un total qui sera porté à 12 en 1961. L'historique des sélections All-Star peut être sujet à discussions car jusqu'en 1973, chaque équipe, peu importe son classement, devait être représentée par au moins un joueur (et maximum trois). La NBA alignait alors moins d'équipes et de joueurs qu'à l'heure actuelle, certes, mais elle agissait dans un souci de représentation et de promotion de toutes ses franchises, même les plus mauvaises d'un point de vue sportif. Ce qui peut expliquer par exemple la sélection d'un joueur dans l'effectif des 76ers de 1972-73, l'une des pires équipes de l'histoire de la NBA (voir par ailleurs).

Ce n'est qu'en 1975 que les fans sont invités à s'exprimer par courrier pour élire les 2 cinq de départ en votant pour un « Center », deux « Guards » et deux « Forwards ». Les sept remplaçants sont toujours choisis par les coachs, mais uniquement ceux à la tête des sélections Eastern et Western. En 1986, Magic Johnson devient le premier joueur à dépasser le million de votes de fans. Dix ans plus tard, pour l'édition de 1996, pour la première fois tous les *starters* dépassent le million de votes. Un an plus tard, en 1997, Michael Jordan est lui le premier All-Star à dépasser les 2 millions de votes de fans pour une édition lors de laquelle seront célébrés les 50 ans de la NBA. Au XXIe siècle, avec l'évolution du jeu et surtout du profil des joueurs qui sont de moins en moins cantonnés à un poste en particulier, les positions sont abolies en 2013 au profit de « frontcourt » et « backcourt ». ■

UNE AFFAIRE DE FAMILLE

090

La NBA est une ligue sportive professionnelle mais c'est une grande famille avant tout. Littéralement. En attendant de découvrir si LeBron James va un jour évoluer aux côtés de son fils en NBA, pour certains joueurs, la NBA c'est déjà une histoire de famille, et l'expression « enfant de la balle » prend alors tout son sens. Lors des Finals de 2018, Warriors et Cavaliers se font face pour la quatrième fois de suite. Kevin Love et Larry Nance Jr côté Cleveland, Stephen Curry et Klay Thompson côté Golden State ont un point en commun : leurs pères ont tous joué en NBA. Stephen Curry croise d'ailleurs de temps à autre son frère Seth sur les parquets et partage le même vestiaire que son beau-frère Damion Lee dès la deuxième saison de celui-ci en NBA.

Les liens de parenté en NBA, ce n'est pas une nouveauté découverte lors des Finals de 2018 (voir par ailleurs, le Top 5 des fratries). L'histoire des effectifs de la Ligue est parsemée de noms familiers à plusieurs générations de fans, comme les Barry (Rick, ses fils et leur grand-père maternel Bruce Hale, 3 saisons en BAA-NBA), la famille Grant (Horace, Harvey et ses fils Jerami et Jerian), le clan VandeWeghe (Kiki et avant, papa Ernie et tonton Mel Hutchins dans les années 1950), les frangins Zeller (Cody, Luke, Tyler et tonton Al Eberhard, à Detroit de 1974 à 1978), et les innombrables paires de jumeaux (Morris, Lopez, pour des exemples récents). D'autres possèdent des ramifications familiales moins évidentes, tel Doc Rivers et sa clique : le fiston Austin Rivers, le cousin Byron Irvin (91 matchs NBA entre 1989 et 1993), l'oncle Jim Brewer (deux fois All-Defensive dans les années 1970 et sur le terrain pour les Cavs lors du Miracle de Richfield en 1976, voir par ailleurs) et le beau-fils Seth Curry. Pour une équipe de darons au vrai sens du terme, les 76ers de 1976-77 se posent. Dans la même équipe évoluent alors trois pères de futurs joueurs NBA. En plus d'Harvey Catchings, père de la légende de la WNBA Tamika Catchings, on trouve : Henry Bibby, père de Mike ; Joe Bryant, père de Kobe (qui a aussi un oncle qui a fait une saison NBA, Chubby Cox) ; et Mike Dunleavy, père de... Mike Dunleavy Jr. Oui, parfois, la filiation est très claire et là c'est une autre expression, « marcher sur les pas de son père », qui peut devenir réalité. Ainsi, Gerald Henderson père et fils ont tous deux porté à un moment de leur carrière le maillot des 76ers avec le même numéro, le 12. Larry Nance Junior cité plus haut recevra même l'autorisation de son père pour porter le même numéro que lui, alors que les Cavs l'avaient retiré. D'autres partagent d'étranges similitudes dans leur carrière NBA. À vingt-trois ans d'écart, dans leur troisième saison NBA sous le maillot de Portland, Gary Trent Senior et Junior ont joué exactement le même nombre de matchs, 41, avant d'être transférés à Toronto. C'était en 2021 et en 1998, et toujours avec le numéro 33 chez les Raptors. Winston Garland arrive lui en 1991-92 chez les Nuggets et leur general manager Bernie Bickerstaff ; presque 30 ans plus tard, son fils J.B. Bickerstaff est nommé head coach des Cavaliers, où vient de débuter un rookie du nom de... Darius Garland, fils de Winston. ■

091

DES CANADIENS EN FLORIDE

Le protocole sanitaire du Canada lors de la pandémie de Covid 19 étant à ce point différent de celui des États-Unis qu'il a été plus facile pour les Raptors de délocaliser leurs rencontres à domicile de la saison 2020-21 à Tampa, en Floride. Avant cela, c'est la NBA qui avait fini sa saison 2019-20 en Floride, dans la fameuse « bulle » d'Orlando qui avait vu le sacre à huis clos des Lakers face au Heat.

Tampa, son climat, sa baie, ses plages, sa vie nocturne... Et ses équipes pros de hockey (le Lightning), de football américain (les Buccaneers) et de baseball (les Rays). Ville sportive au demeurant, Tampa n'est pas franchement une ville de basket, quand bien même elle avait déjà accueilli quelques matchs NBA dans les années 1960. Le Heat et le Magic étaient censés s'y affronter en présaison en 2010 mais la rencontre avait été annulée au dernier moment après qu'un produit de nettoyage huileux avait rendu le terrain trop glissant et impraticable. Après visite sur place, le choix de la direction et des joueurs des Raptors s'arrête sur Tampa, au détriment (comme c'est étrange) d'autres villes aux climats et qualités de vie bien différents comme Buffalo, New York, Fort Lauderdale, Louisville, Nashville ou Newark, dans le New Jersey. Quitte à jouer loin du froid canadien, autant que cela soit au soleil. Les Raptors vont donc disputer l'intégralité de leurs matchs à domicile de la saison 2020-21 à l'Amalie Arena, la salle du Tampa Bay Lightning, vainqueurs de la Stanley Cup en 2020. Encore une fois, l'histoire du basket pro et de la NBA croise celle du hockey pro et de la NHL. Pour se sentir un peu plus comme à la maison, « We The North », la devise du club champion en 2019, est inscrite partout dans l'hôtel où résident les joueurs. Le parquet est envoyé par avion depuis Toronto avec la bannière des champions qui flotte au plafond depuis les *rafters* où elle est accrochée aux côtés des maillots retirés du Lightning. Avec une saison sans playoffs à 27 victoires pour 45 défaites, à Tampa les Raptors sont passés un peu inaperçus derrière le Lightning, de nouveau champion de la NHL en 2021, et les Buccaneers de Tom Brady, la superstar du football américain et l'un des meilleurs joueurs de l'histoire de la discipline, qui arrive dans la troisième ville de Floride la même saison pour y remporter le Super Bowl. Les fans de sport résidents de Tampa ont été bien gâtés en 2021… ■

092

GREETINGS FROM DOWNTOWN

Que de cartes postales envoyées par Stephen Curry depuis sa première excursion derrière la ligne à trois points... C'était en 2009, le 30 octobre, pour son deuxième match NBA. Après un 0/1 deux jours plus tôt pour ses débuts dans la Grande Ligue, il inscrit alors chez les Suns ses deux premiers paniers officiels à trois points pour un honnête 2/3 à l'occasion d'une grosse défaite des Warriors de 22 points. Un peu plus de douze ans plus tard, Stephen Curry devient officiellement le shooteur le plus prolifique à trois points de l'histoire de la NBA. Le 14 décembre 2021, dans cette salle mythique pour la NBA et l'*entertainment* qu'est le Madison Square Garden, il inscrit 22 points dont 5 réussites derrière l'arc pour la victoire des Warriors, mais c'est surtout son tir à trois points du 1er quart-temps, à 7:33 sur l'horloge, qui restera dans les mémoires. Son 2974e, précisément, qui le fait monter sur la plus haute marche du podium, déclenché depuis l'aile droite, à quelques centimètres près au même endroit que celui de Ray Allen en février 2011 pour alors dépasser Reggie Miller. Allen et Miller, dauphins de Curry au classement, sont présents pour célébrer ce moment d'histoire. À noter que James Harden a lui dépassé Reggie Miller quelques semaines plus tard pour s'emparer de la 3e place du classement.

Signe de l'évolution du jeu dont Stephen Curry est l'un des symboles, au moment de ce nouveau record figuraient dans ce top 10 trois joueurs encore en activité (Stephen Curry, James Harden et Damian Lillard). Une tendance d'autant plus flagrante en élargissant au top 20 : en prenant en compte les joueurs retraités ou absents des parquets depuis 2020, on retrouve au total 13 joueurs dont l'autre « Splash Brother » Klay Thompson, par ailleurs détenteur actuel du record de paniers à trois points inscrits sur un match (14). ■

Le 14 décembre 2021 face aux Knicks dans leur antre mythique du Madison Square Garden, Stephen Curry bat le record all-time de Ray Allen du nombre de trois-points marqués en saison régulière en carrière.

Rakuten
WARRIORS
30

SAUVÉ PAR LE GONG

093

La base de données statistiques basketball-reference.com donne la définition suivante du *buzzer beater* : un tir pour la victoire quand le score est à égalité ou que l'une des deux équipes est derrière au score à 1 ou 2 points de retard et qu'il ne reste plus de temps à jouer sur le chrono après que la balle a traversé le cercle. Cette explication académique un brin fastidieuse occulte le rush d'adrénaline et le bonheur ou le désespoir à voir son équipe l'emporter, égaliser ou perdre au son de la sonnerie finale du match. Le *buzzer beater* sous toutes ses formes est un frisson que tout fan de NBA attend de célébrer à chaque match, au même titre qu'un *alley oop* ou un *crossover* d'anthologie peut le faire lever de son siège.

Le site de référence cité plus haut fait remonter le premier tir victorieux au buzzer de l'histoire de la Ligue au 10 décembre 1946 en BAA, par John Barr des Saint-Louis Bombers pour une victoire sur les Cleveland Rebels. Alors, à qui confier la balle quand le sort du match en dépend ? Les légendes de la NBA occupent bien sûr une bonne place dans ce classement des tirs de la victoire in extremis en saison et playoffs confondus, avec Michael Jordan (9 tirs au buzzer), Kobe Bryant (8) Paul Pierce (7) ou LeBron James (7 en 2022). Un autre grand joueur s'invite dans cette team au sang-froid, à savoir le septuple All-Star Joe Johnson et ses 8 *buzzer beaters* en 18 saisons NBA. Avec 5 *buzzer beaters* chacun en carrière, ajoutons un autre cinq de départ (ou plutôt de fin) *ultraclutch* avec Andre Iguodala, Dwyane Wade, Gilbert Arenas, Kevin Garnett et Vince Carter.

Souvent malheureux en playoffs, Jerry West l'aurait été encore plus en 1970 si on lui avait assuré la mise en vigueur d'une ligne à trois points moins de dix ans plus tard... car son incroyable tir à 18 mètres du panier des Knicks à la fin du Match 3 des Finals ne lui fait pas gagner le match mais envoie les deux équipes en prolongation, que ses Lakers perdront, tout comme la série. Un *buzzer beater* non victorieux mais certainement l'un des plus célèbres de l'histoire de la NBA. ■

LE *GOAT* DU BANC

094

La saison du 75e anniversaire de la NBA nous a réservé plusieurs *milestones* de premier choix. Après Stephen Curry qui devient en décembre 2021 le shooteur le plus prolifique de l'Histoire à trois points, après LeBron James qui dépasse Karl Malone en mars 2022 pour devenir le 2e scoreur *all-time* de la NBA, un autre jalon historique est égalé puis dépassé par une autre légende de notre sport. Le 11 mars 2022, contre le Jazz, Gregg Popovich remporte à la tête des Spurs sa 1336e victoire en carrière et devient ainsi le coach le plus victorieux en saison régulière de l'histoire de la NBA. Un record qui prendra du temps à tomber : Doc Rivers, le coach encore en activité le plus proche au classement, doit encore compiler plus de 300 succès en saison régulière pour le rattraper.

Diplômé de l'académie militaire de l'Air Force en 1970, l'arrière Gregg Popovich est le meilleur marqueur de son équipe, ce qui lui vaut une invitation pour des tests afin d'intégrer la sélection américaine pour les JO de 1972. L'essai n'est pas concluant et Popovich se tourne bien vite vers le coaching, avec succès. Il rejoint le staff de son académie militaire puis prend la tête de l'équipe qui regroupe les meilleurs joueurs des deux petites facs select de Pomona et Pitzer, en Californie. Des débuts discrets mais fondateurs : il y gagne trois titres de 3e division NCAA et fait la connaissance de Larry Brown, qu'il rejoint chez les Spurs en 1988 en qualité d'*assistant coach* pour quatre saisons. Après un détour de deux saisons chez les Warriors sous la tutelle de Don Nelson (coach le plus victorieux après Popovich avec 1335 victoires), il revient chez les Spurs en 1994 pour prendre le poste de *general manager*. Après un début de saison 1996-97 catastrophique, Popovich se nomme *head coach*, sélectionne Tim Duncan à la draft suivante, et commence à déployer sa science du basket et du collectif.

Son palmarès est aussi long que les états de service d'un vétéran de l'armée ou des services secrets qu'il a un temps envisagé d'intégrer : 22 apparitions en playoffs d'affilée entre les saisons 1997-98 et 2018-19, 5 titres NBA, 6 fois champion de la conférence Ouest, 3 fois Coach de l'Année, 1er *head coach* à diriger la même équipe NBA sur 2000 matchs... Le *Spur basketball* de Coach « Pop » est une nébuleuse aux ramifications qui s'étendent dans presque tous les *front offices* de la Ligue. L'un de ses premiers *assistant coaches*, Mike Budenholzer, en est un brillant élève : élu Coach de l'Année en 2014-15 et 2018-19, il mène les Bucks au titre NBA en 2021 face aux Suns de Monty Williams, ancien joueur de « Pop ». ■

ÇA DÉPASSE

095

Une prolongation, c'est presque commun. Deux, un peu moins. Trois, c'est beaucoup plus occasionnel, et quatre prolongations ou plus, c'est rarissime. Dès le premier mois de compétition BAA, le 11 novembre 1946, Chicago Stags et New York Knicks ont besoin d'une prolongation pour se départager (78-68). Les Knicks participent ensuite le 13 mars 1947 au premier match à double prolongation avec une victoire sur les Saint-Louis Bombers (78-74). Les Washington Capitols de coach Red Auerbach sont vainqueurs en trois prolongations en novembre 1948 face aux Providence Steamrollers pour un score qui ne dépasse toujours pas les 100 points d'un côté ou de l'autre (99-95). On retrouve les Knicks pour le premier match à quatre prolongations en janvier 1951, à nouveau pour une défaite face aux Royals, avec la barre des 100 points marqués tout juste franchie (102-92). Dans l'intervalle, d'autres paliers avaient été atteints : cinq entre Anderson Packers contre Syracuse Nationals, en novembre 1949 pour un score plus conséquent (123 à 125 pour les « Nats »). Indianapolis Olympians et Rochester Royals sont même montés jusqu'à six prolongations, record invaincu à ce jour, le 6 janvier 1951. Le nombre de prolongations nécessaire ce jour-là est tout aussi ridicule que le score final de 75 à 73 pour les Olympians. Sans horloge des 24 secondes, la balle a beaucoup tourné, avec un total combiné de seulement 18 points sur ces six prolongations, et deux prolongations entières sans aucun point marqué des deux côtés, dans l'espoir de convertir une seule tentative suffisante pour la victoire dans les ultimes secondes. Un match à rallonge qui fera rater leur train aux Olympians. Seul le cinq majeur a ensuite pu embarquer dans un avion pour arriver à temps pour le match du lendemain contre les Blackhawks, à ce jour le seul et unique match dans l'histoire de la Ligue où une équipe n'a pu aligner que cinq joueurs. Les prolongations, ça peut vous tomber dessus n'importe quand... Par exemple, dès le premier match de la saison : encore les Knicks, le 5 novembre 1955. Plusieurs fois le même mois, comme ces pauvres Rochester Royals en janvier 1951 qui vont jouer pas moins de onze prolongations ! Avant leur match record à six prolongations du 6 janvier, ils avaient entamé la nouvelle année avec un *overtime* face aux Knicks, rebelote le 10 janvier face aux Bullets, encore une prolongation chez les Knicks le 21 janvier et, enfin, quatre prolongations deux jours plus tard face aux... Knicks, encore. En playoffs, évoquons les Celtics de Bob Cousy qui en ont eu besoin de quatre en 1953 pour éliminer au premier tour des playoffs les Nationals, ou les Blazers de Damian Lillard qui ont eux aussi dû jouer quatre fois 5 minutes supplémentaires pour vaincre les Nuggets de Nikola Jokić lors du Match 3 des demi-finales de la conférence Ouest en 2019. ■

CONTRE SON CAMP

096

Des bras levés en défense, un rebond traître, les mains qui glissent à cause de la sueur, un *layup* contré sur le plexi qui repart vers le cercle... Les occasions pour marquer un panier contre son camp sont nombreuses ! Et donc, on se le rajoute sur sa ligne de stats, on partage, on fait comment ? Selon le règlement de la NBA : « Un panier inscrit accidentellement contre son camp par un joueur sera ajouté au score de l'adversaire et crédité au joueur adverse le plus proche du joueur à cause de qui la balle est entrée dans le cercle. » Dans l'Histoire, George Mikan des Lakers a par exemple inscrit un panier pour les Warriors en 1950, sans incidence sur le résultat final (66-61 pour les siens). Dolph Shayes donne lui aussi 2 points bonus aux Celtics en 1962 sur une bataille au rebond en faisant rentrer la balle d'une touchette, le fameux tip-in, l'arme fatale des meilleurs rebondeurs offensifs et principale cause des paniers marqués contre son camp. Encore une fois, pas d'incidence sur le résultat (118-98 pour les C's).

L'élément de surprise est, en général, la première caractéristique de ces paniers insolites, comme ce pauvre Darius Songaila des Wizards. En avril 2007, en défense sous le cercle, il voit une passe pour un *alley oop* des Bobcats taper contre la planche puis rebondir sur son épaule gauche avant de repartir aussi sec pour le panier. En guise de cadeau de Noël aux Clippers en ce 25 décembre 2015, le Laker Larry Nance Jr réussit lui un « own-basket » magnifique : dans l'axe, Chris Paul tente un trois points qui rebondit sur l'arrière du cercle. Nance essaye de sécuriser le rebond à une main alors qu'il se trouve juste après la ligne des lancers. Au plus haut de son saut et de son extension, le bras droit tendu, il capte la balle sur le bout du doigt, mais son corps arcbouté se détend et la balle repart en sens inverse pour faire ficelle. Le panier sera accordé à DeAndre Jordan, le seul Clipper resté au rebond. D'autres ne mesurent pas leur force, comme le pivot des Wolves Darko Miličić en 2011 qui rentre la balle dans son propre panier depuis sa ligne des lancers lors d'un entre-deux…

En février 2022, Kevin Porter Jr des Rockets réussit un *trick shot* contre les Raptors qui aurait été sympa s'il n'avait pas été si gênant : à la fin du temps réglementaire, son équipe est largement battue et au lieu d'attendre patiemment le buzzer, il décide de faire rebondir la balle suffisamment fort pour monter au dunk sur son propre panier, sauf que la balle remonte jusqu'au cercle, qu'elle traverse avant la sonnerie finale… Par chance pour lui, un tir intentionnel sur le mauvais panier est simplement sanctionné d'une balle rendue à l'adversaire. ■

VIVRE ET MOURIR POUR LES STATS

097

Journaliste sportif de Philadelphie, Harvey Pollack gravite dans le monde du basket pro et de la NBA dès sa création en 1946, d'abord avec les Philadelphia Warriors puis jusqu'à la fin de sa vie avec les Philadelphia 76ers, chez qui il va notamment officier à la compilation de statistiques avec un acharnement et une dévotion sans failles, ce qui fera de lui LE statisticien de la NBA.

Étudiant obstiné des moindres faits et gestes des joueurs sur les parquets, son décorticage estival des statistiques de la saison écoulée enrichit petit à petit le *media guide* des 76ers, une nouveauté imposée par la NBA pour chaque franchise en 1968. Avant l'avènement de sites Internet dédiées aux statistiques avancées, ses compilations de stats, les Statistical Yearbooks, sont publiées à part du *media guide* dès la saison 1994-95 et offrent quantité de données sur d'innombrables faits de matchs, des plus évidents aux plus anodins, comme les différents types de blessures, toutes les fautes techniques et amendes, un listing des joueurs gauchers, les actions à 4 points... On y déniche aussi un florilège de records non officiels quand certaines stats n'étaient pas prises en compte, comme les quadruples ou quintuples-doubles de Wilt Chamberlain (voir par ailleurs). On lui attribue notamment - et bien longtemps avant que la NBA ne les comptabilise officiellement - la mise en place de la distinction entre rebonds offensifs et défensifs, le comptage des minutes jouées, des tirs bloqués, des interceptions et des balles perdues, la distance de chaque tir réussi et tant d'autres.

Il n'y a pas que son travail d'archiviste qui est passé à la postérité. Son écriture également, qui figure sur l'un des clichés les plus célèbres de l'histoire du sport : c'est en effet lui qui a écrit le « 100 » sur la feuille que tient Wilt Chamberlain sur la photo après son match record de mars 1962. Ce soir-là, Harvey Pollack est à la table de marque, bien occupé à totaliser les points inscrits par le pivot des Warriors. À l'autre extrémité de l'excellence, il a également assisté à l'intégralité de la saison catastrophique des 76ers de 1972-73 (9 victoires pour 73 défaites, voir par ailleurs). Au moment de son décès en 2015 à l'âge de quatre-vingt-treize ans, Pollack était le seul employé de la Ligue à encore travailler pour elle depuis sa création en 1946. ■

LA CRÈME DE LA CRÈME

098

Les All-NBA Teams ont ouvert leurs portes dès la première saison de la BAA, en 1946-47. Cette sélection des meilleurs joueurs formant ensuite les meilleurs cinq de la saison est ainsi la plus ancienne récompense individuelle décernée par la Ligue. D'abord une sélection de 2 All-NBA Teams, un troisième cinq est ajouté à l'issue de la saison 1988-89. On ne différencie les positions qu'à partir de 1955-56 (1 pivot, 2 ailiers, 2 arrières). Une distinction qui peut coûter à certains une apparition dans l'un ou l'autre de ces *lineups* honorifiques, tel Khris Middleton qui reçoit en 2020 des votes pour les postes d'arrière et d'ailier. Malgré un nombre total de votes plus important, il ne sera pas sélectionné du tout par les membres des médias dans la 2nd ou 3rd Team au profit d'autres joueurs ayant reçu plus de votes sur chacun de ces postes. Pour les spécialistes de la défense, il faut attendre la saison 1968-69, avec la nomination de deux All-Defensive Teams, juste à temps pour que Bill Russell, dans sa dernière saison, puisse figurer au moins une fois dans la 1st Team des meilleurs défenseurs.

Signe d'une saison aboutie, ces nominations sont un ajout au CV toujours apprécié des joueurs. Ainsi, Paul George est pour l'instant le recordman de sélections dans la All-NBA 3rd Team (5 fois). Hal Greer, l'arrière 10 fois All-Star dans les années 1960, cumule 7 apparitions en All-NBA Team, à chaque fois dans la 2nd. Michael Jordan et Kobe Bryant sont de leur côté les seuls joueurs à figurer à au moins 8 reprises (9 fois pour MJ) à la fois dans la All-NBA 1st Team ET dans la All-Defensive 1st Team à l'issue de la saison. ■

099

CLUB EXCLUSIF

Il est un club au sein de la NBA qu'on ne peut rejoindre qu'après avoir atteint l'excellence. L'adhésion doit être renouvelée chaque année, mais les critères restent les mêmes. Pas de passe-droit ni de coupe-file, mais vous pouvez essayer d'y revenir autant de fois que vous le voulez. Nombre de joueurs y sont recalés pour quelques ratés. Vous y serez souvent seul et pour y entrer, le code est simple à retenir mais tellement difficile à exécuter : 50-40-90, soit le pourcentage minimum de réussite aux tirs, à trois points et aux lancers francs sur une saison, avec évidemment un nombre minimum de tirs pris pour valider cette ligne de stats exceptionnelle. Depuis l'inauguration de ce club ultra select lors de la saison 1979-80 avec la mise en place de la ligne à trois points et jusqu'en 2021-22, 9 joueurs seulement y ont été admis pour 13 cartes de membre. Le premier d'entre eux n'est autre que Larry Bird, qui s'y invite 2 saisons de suite entre 1986 et 1988. Mark Price le remplace la saison suivante et le club reste inoccupé jusqu'en 1994, quand Reggie Miller s'y présente avec succès. Plus d'une décennie plus tard, les portes s'ouvrent à nouveau en 2006 pour accueillir son membre le plus fidèle à ce jour, le MVP de cette saison 2005-06 : Steve Nash, et ses 4 saisons validées en 50-40-90. Remplacé par son ami proche Dirk Nowitzki en 2007 (MVP lui aussi cette saison-là), Nash s'y pose à sa suite 3 saisons d'affilée de 2008 à 2010. Dans la nouvelle décennie, la liste des membres inclut les futurs coéquipiers Kevin Durant en 2012-13 et Stephen Curry en 2015-16, meilleur marqueur (le seul du club à plus de 30 points par match) et intercepteur de la saison, la même année que son deuxième titre de MVP. Attention, ce club n'est pas réservé qu'aux champions et MVP ! Pour peu que vous remplissiez les conditions d'admission, vous y êtes le bienvenu, tel Malcolm Brogdon des Pacers en 2018-19. Kyrie Irving complète en 2020-21 le registre des membres d'un club réservé à ceux qui ont la main vraiment sûre. ■

CENT POINTS POUR L'ÉTERNITÉ

100

L'un des plus grands exploits individuels de l'histoire de la NBA n'a pas eu lieu au Madison Square Garden, ni au Boston Garden, ni au Staples Center, ni dans aucune de ces salles mythiques, mais bien à l'Hersheypark Arena, en Pennsylvanie. Hershey, 15 000 habitants, à 160 kilomètres à l'ouest de Philadelphie. Ville fondée en 1903 par Milton Hershey, magnat du chocolat qui y installe l'entreprise qui porte son nom et qui commercialise du chocolat sous toutes ses formes. À « Chocolate Town », les Warriors de Philadelphia connaissent les lieux, eux qui jouent quelques matchs chaque saison dans cette salle au toit arrondi surnommé « The Old Barn », la vieille grange, sortie de terre en 1936, l'année de naissance de Wilt Chamberlain.

Dans une saison déjà record au scoring où il approche la barre des 4 000 points inscrits, Wilt Chamberlain va atteindre la marque mythique des 100 points lors d'un match de fin de saison sans réel enjeu pour le classement final. Déjà au moins de février 1962, il avait dépassé 6 fois la barre des 60 points, et notamment 3 fois lors des 3 matchs précédents. Pour ce record, il fallait que cela tombe sur les Knicks, qui ont participé à tant d'événements historiques et fondateurs de la BAA-NBA, et qui avaient déjà pris 67 points de Wilt le 25 février mais la victoire.

À mi-distance avec la planche, sous le cercle, en contre-attaque, en *finger roll* ou en put back, au dunk... Voyant avec quelle facilité Chamberlain enchaîne (encore) les paniers, les Warriors abreuvent leur pivot de passes qu'il s'empresse de convertir, avec une marque par quart-temps que certains inscrivent en moyenne sur un match complet : 23, 18, 28 puis 31 points. Ce soir-là, les Knicks subissent aussi un Chamberlain rarement autant adroit aux lancers francs (28/32). Chamberlain est partout et infatigable, et pas qu'en attaque, comme en attestent ses 25 rebonds et ses 48 minutes de temps de jeu. Malgré 3 joueurs à plus de 30 points, les Knicks ne survivent pas aux assauts du Big Dipper qui repart avec une victoire 169 à 147 pour ses Warriors.

De ce match historique pour la NBA et le basket nous restent l'enregistrement audio des commentaires, une plaque devant la salle, un cliché entré dans la légende avec Wilt tenant une feuille où est écrit « 100 » et un record dont on parle encore aujourd'hui et dont aucun joueur, à part à de rares occasions, ne s'est approché et dont personne ne pense qu'il sera battu un jour en NBA. ■

REMERCIEMENTS

À la team Talent Éditions : Emmanuel et Laure pour leur confiance indéfectible ; Julien Müller pour ses conseils et encouragements ; Philippe pour son accompagnement.
À François, Zoë et Morgane, mes libraires préférés auprès de qui j'ai tant appris.
À Lucie, Lilia et Gabriel pour leur amour et leur patience.
À Johnny pour l'entraînement et la passion.
Et enfin et surtout, à Michel pour m'avoir initié au basket et la famille Deville pour leur soutien.

BIBLIOGRAPHIE

The First Tip-Off, Charley Rosen (McGraw-Hill, 2009)

Tall Tales: The Glory Years Of The NBA, Terry Pluto (University of Nebraska Press, 1992)

Wilt, 1962, Gary M. Pomerantz (Crown Publishers, 2005)

NBA75, Dave Zarum (Firefly Books, 2020)

Archives en ligne : *The Boston Globe, Deseret News, Los Angeles Times, The New York Times, The Philadelphia Inquirer, San Francisco Chronicle, Sports Illustrated, Time Magazine, USA Today, The Washington Post*

Sites Internet :

nba.com
basketball-reference.com
allaboutbasketball.us
basket-retro.com
basketballnetwork.net
basketsession.com
basketusa.com
bleacherreport.com
espn.com
fadeawayworld.net
fansided.com
nbahoopsonline.com
opencourt-basketball.com
remembertheaba.com
sbnation.com
si.com
sportingnews.com
stadiumtalk.com
statmuse.com
theathletic.com
theplayerstribune.com
theringer.com
thescore.com
theundefeated.com
usab.com
youtube.com

NBA
75
Préface
Xavier Vaution
L'HISTOIRE DÉFINITIVE
DAVE ZARUM
Talent Sport

NBA
150 MAILLOTS
CULTES
Talent Sport
BULLS
23
CHARLOTTE
1
NBA
23
ALL-STAR
SPURS
21
CELTICS
6

Également disponible chez Talent Sport

DERRICK ROSE
avec SAM SMITH
I'LL SHOW YOU
Conversation intime avec la star de la NBA
Talent Sport

SHAQ
SANS FILTRE
AUTOBIOGRAPHIE
SHAQUILLE O'NEAL
Talent Sport

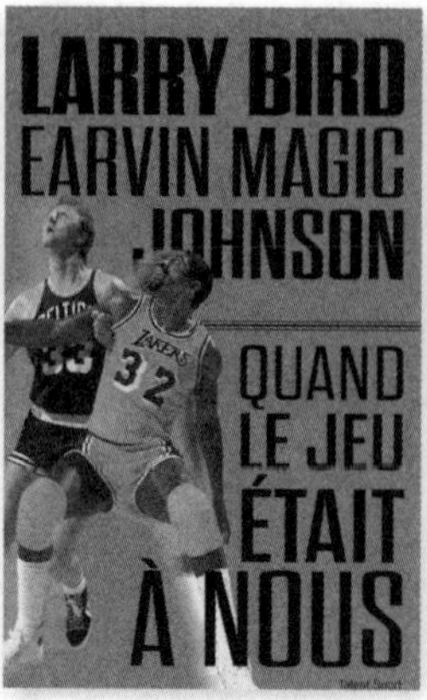
LARRY BIRD
EARVIN MAGIC JOHNSON
QUAND LE JEU ÉTAIT À NOUS
Talent Sport

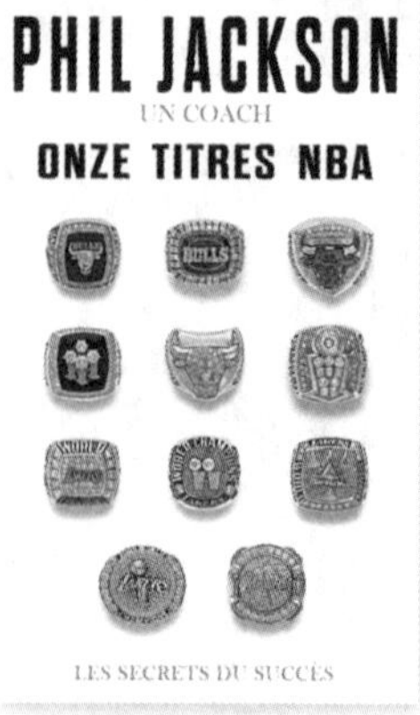
PHIL JACKSON
UN COACH
ONZE TITRES NBA
LES SECRETS DU SUCCÈS

Dans la même collection

Talent Éditions est engagé dans le développement durable afin de limiter l'empreinte carbone de la fabrication de ses livres. Soucieux de l'impact environnemental de notre métier, nos ouvrages sont imprimés en France sur du papier certifié issu de plantations gérées de manière éco-responsable. Les livres non-commercialisables sont recyclés et réutilisés pour la fabrication d'autres produits cartonnés.

Achevé d'imprimer en France par la SEPEC

Numéro d'impression : 19387220298 - Dépôt légal : mai 2022

PEFC 10-31-1470 / Certifié PEFC / Ce produit est issu de forêts gérées durablement et de sources contrôlées. / pefc-france.or